D1754283

ST. PAULI

DIE WERKSTATT

ERSTKLASSIG
FC ST. PAULI

Der traumhafte Aufstieg des FC St. Pauli

Verlag Die Werkstatt

Ein besonderer Abend am Millerntor: Das Pokal-Heimspiel gegen den FC Schalke 04 am 31. Oktober 2023.

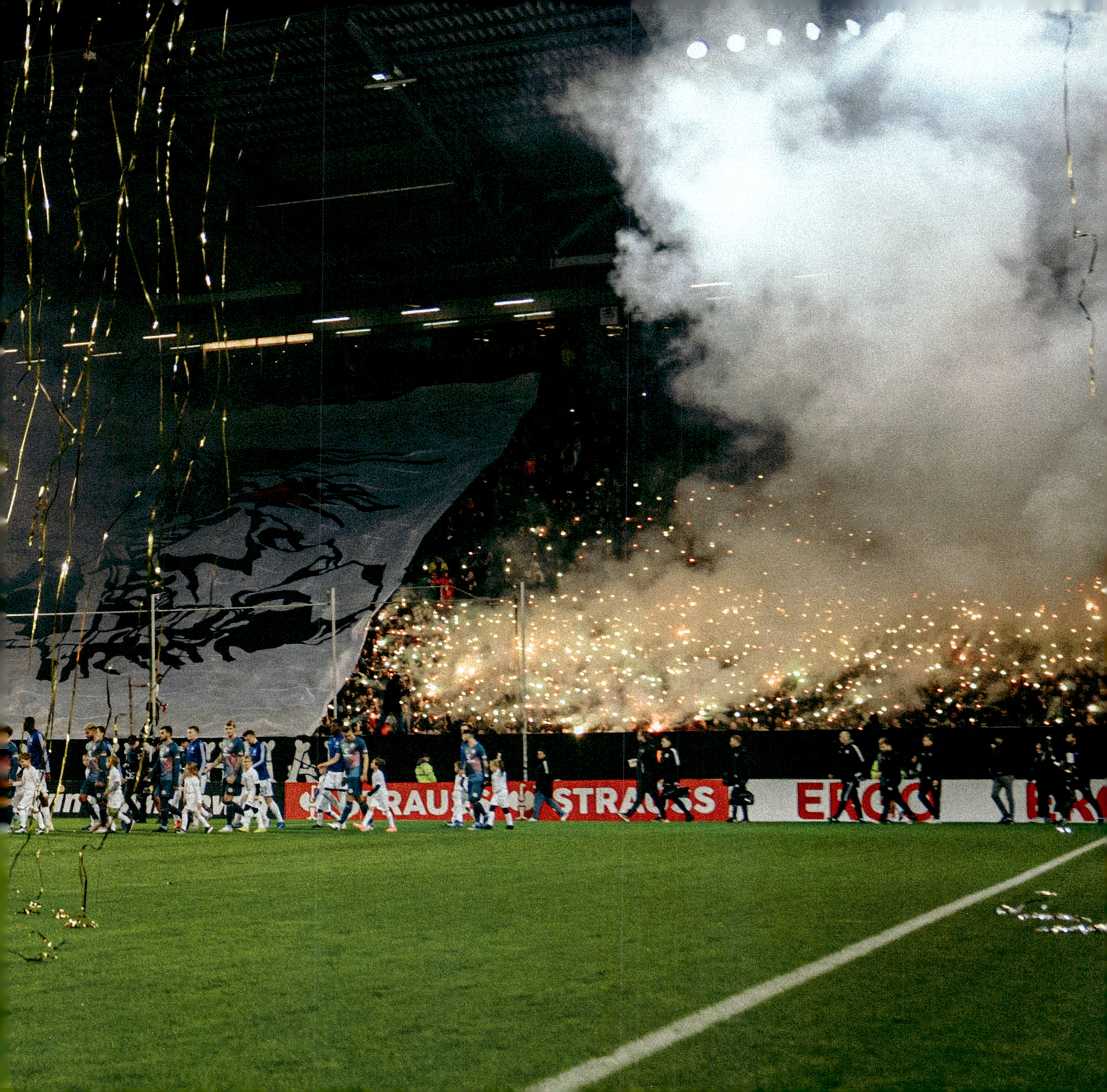
STRAUSS

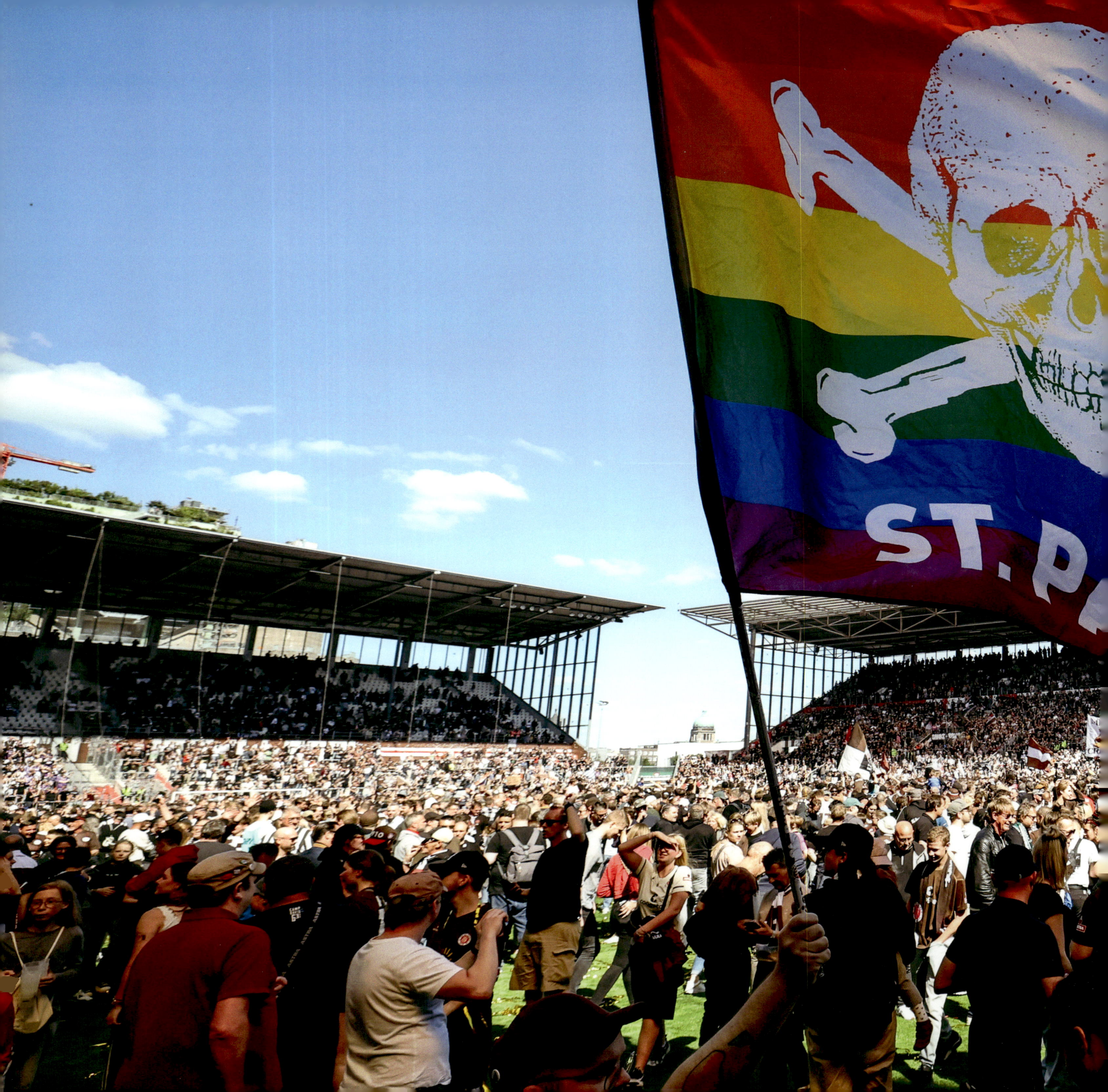
ST.

12. Mai 2024: Der Aufstieg ist geschafft – und innerhalb weniger Minuten stürmen die Fans den Platz, bis kein Rasen mehr zu sehen ist.

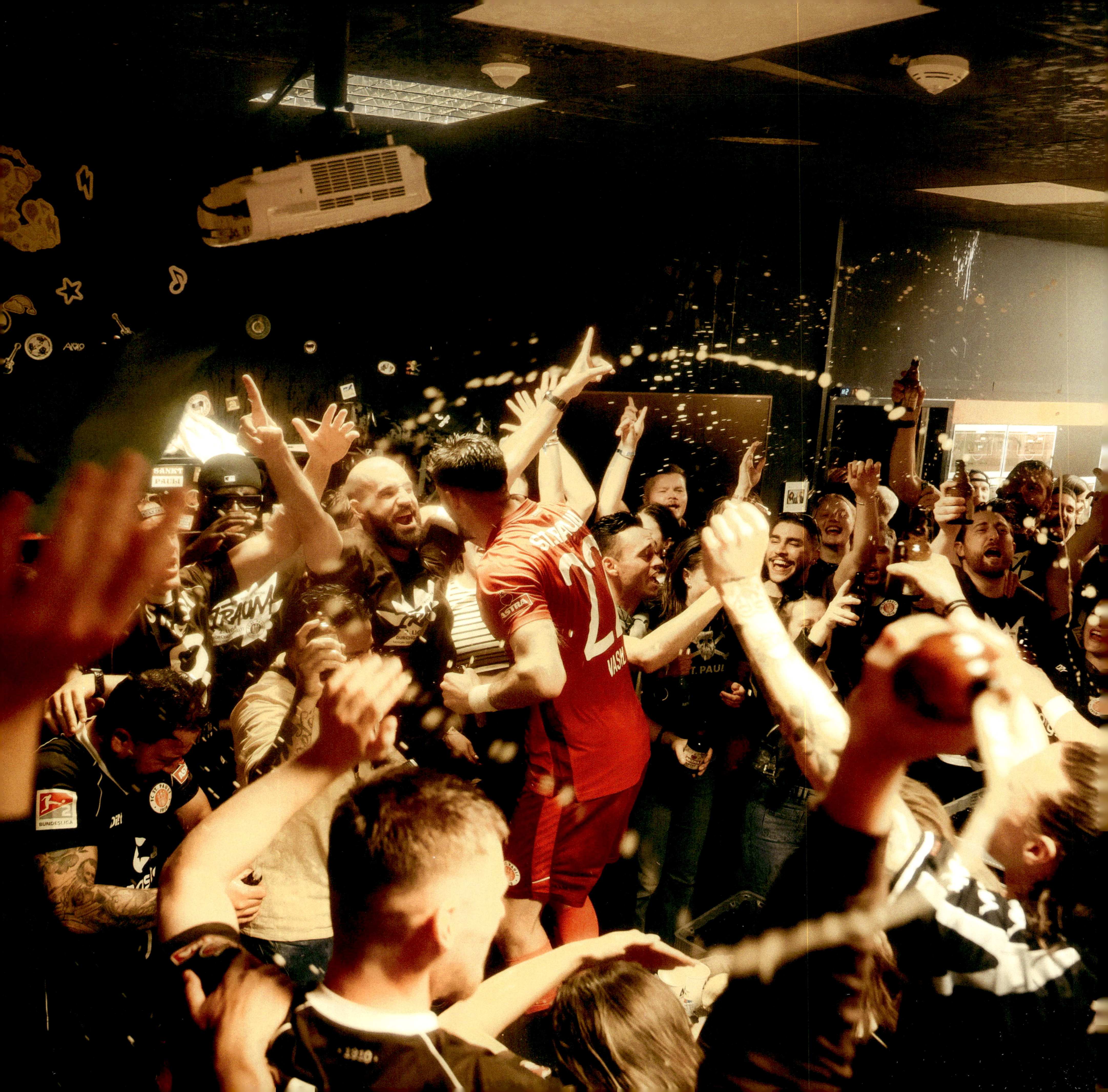
SANKT PAULI
ASTRA
BUNDESLIGA

Wir feiern die ganze Nacht! – und das Stadion am Millerntor
auch noch, als alle schon gegangen sind.

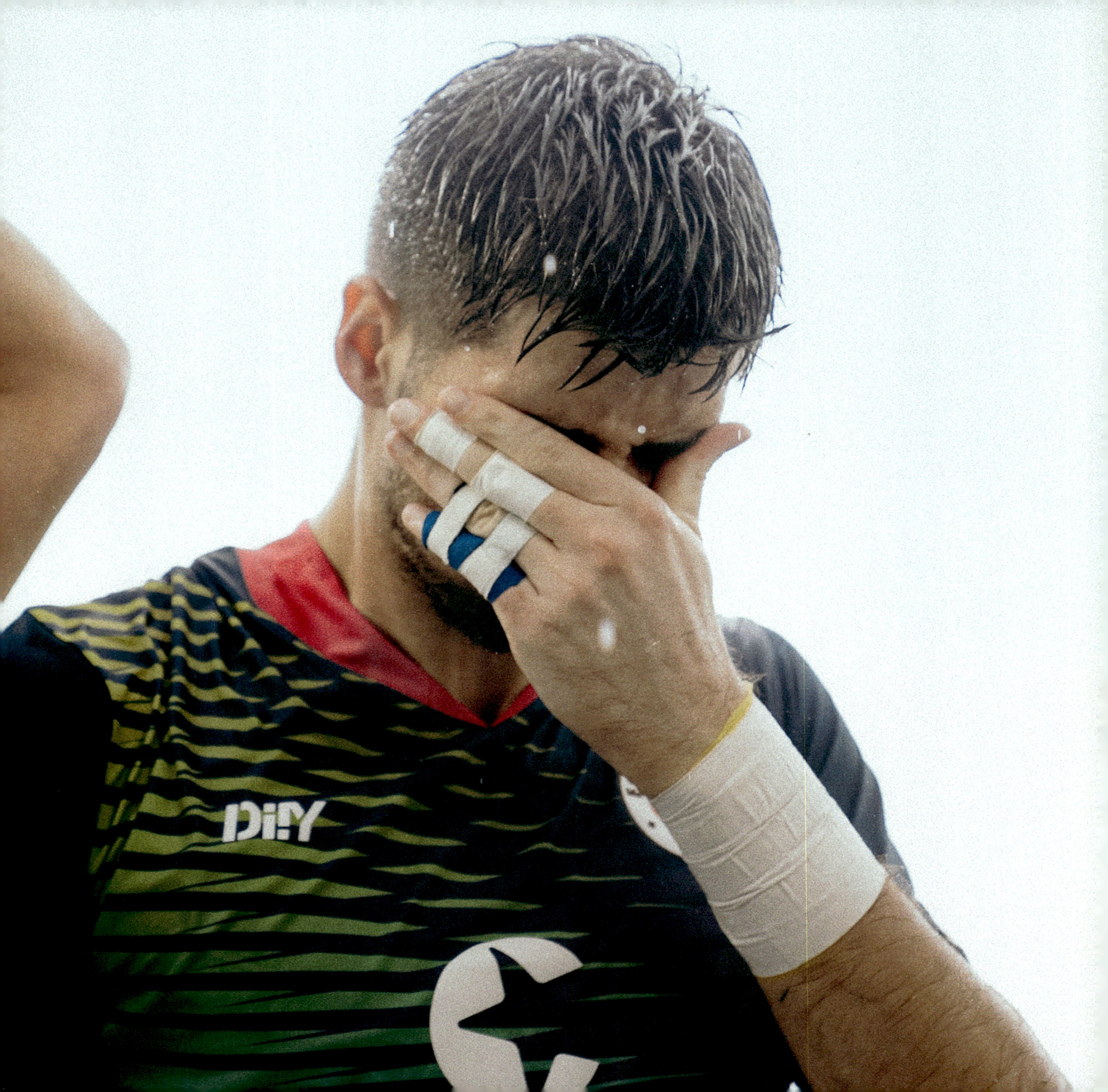

Die Saison 2023/24 ist eine Reise mit wenigen Tiefs und umso mehr Hochs, in der die Mannschaft an jeder Niederlage noch einmal gewachsen ist.

Der FC St. Pauli steigt nicht nur auf, sondern wird im letzten Ligaspiel noch Meister der 2. Bundesliga. Kapitän Jackson Irvine reckt die Schale in die Luft.

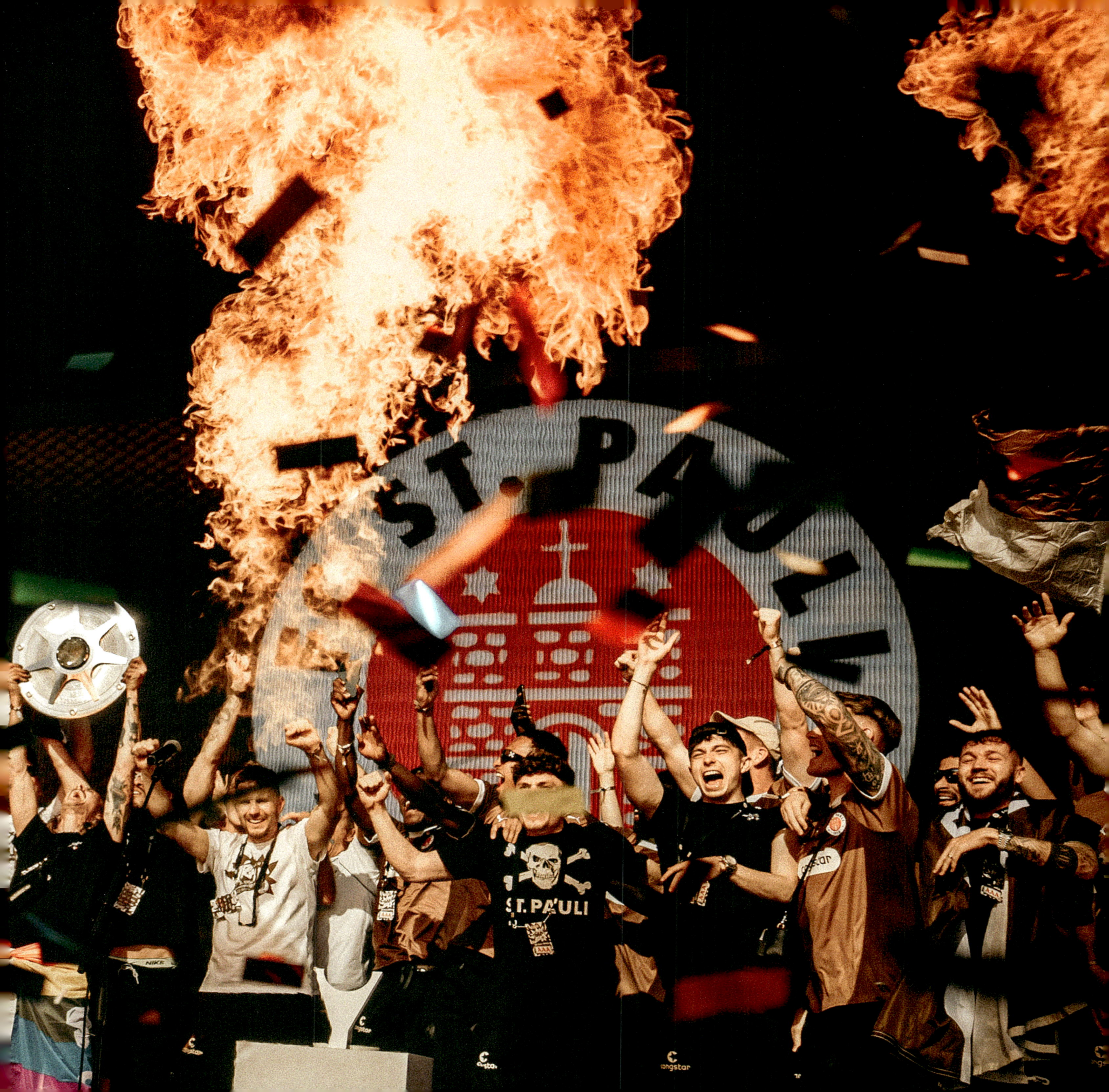
ST. PAULI
ST. PAULI

INHALT

16	**VORWORT**	
18	**HINRUNDE**	
20	1. SPIELTAG	1. FC Kaiserslautern vs. FC St. Pauli
26	2. SPIELTAG	FC St. Pauli vs. Fortuna Düsseldorf
32	3. SPIELTAG	SpVgg Greuther Fürth vs. FC St. Paulii
36	4. SPIELTAG	FC St. Pauli vs. 1. FC Magdeburg
42	5. SPIELTAG	Eintracht Braunschweig vs. FC St. Pauli
46	6. SPIELTAG	FC St. Pauli vs. Holstein Kiel
50	7. SPIELTAG	FC St. Pauli vs. FC Schalke 04
56	8. SPIELTAG	Hertha BSC vs. FC St. Pauli
62	9. SPIELTAG	FC St. Pauli vs. 1. FC Nürnberg
66	10. SPIELTAG	SC Paderborn 07 vs. FC St. Pauli
70	11. SPIELTAG	FC St. Pauli vs. Karlsruher SC
76	12. SPIELTAG	SV Elversberg vs. FC St. Pauli
80	13. SPIELTAG	FC St. Pauli vs. Hannover 96
82	14. SPIELTAG	Hansa Rostock vs. FC St. Pauli
86	15. SPIELTAG	FC St. Pauli vs. Hamburger SV
94	16. SPIELTAG	VfL Osnabrück vs. FC St. Pauli
98	17. SPIELTAG	FC St. Pauli vs. Wehen Wiesbaden
102	**DFB-POKAL**	
104	1. RUNDE	Atlas Delmenhorst vs. FC St. Pauli
106	2. RUNDE	FC St. Pauli vs. FC Schalke 04
108	ACHTELFINALE	FC 08 Homburg vs. FC St. Pauli
110	VIERTELFINALE	FC St. Pauli vs. Fortuna Düsseldorf

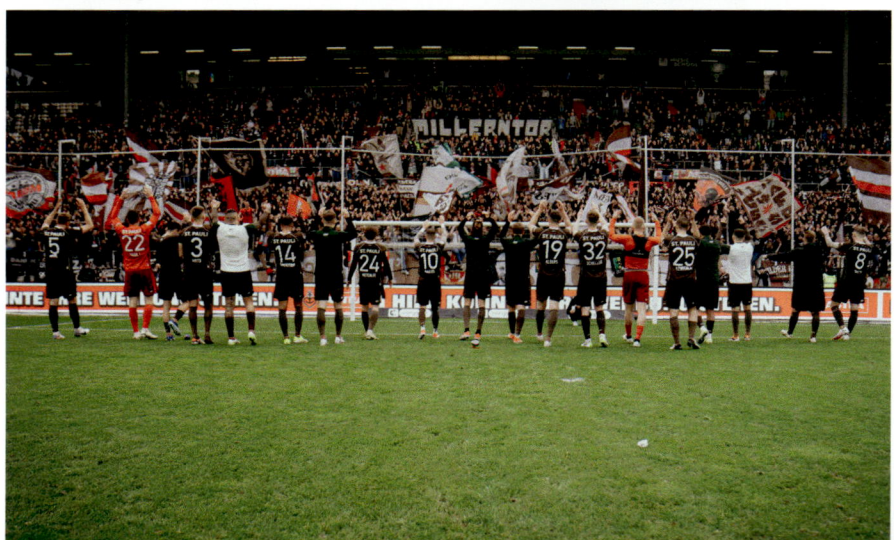

112	**RÜCKRUNDE**	
114	18. SPIELTAG	FC St. Pauli vs. 1. FC Kaiserslautern
120	19. SPIELTAG	Fortuna Düsseldorf vs. FC St. Pauli
126	20. SPIELTAG	FC St. Pauli vs. SpVgg Greuther Fürth
130	21. SPIELTAG	1. FC Magdeburg vs. FC St. Pauli
134	22. SPIELTAG	FC St. Pauli vs. Eintracht Braunschweig
138	23. SPIELTAG	Holstein Kiel vs. FC St. Pauli
142	24. SPIELTAG	FC Schalke 04 vs. FC St. Pauli
146	25. SPIELTAG	FC St. Pauli vs. Hertha BSC
152	26. SPIELTAG	1. FC Nürnberg vs. FC St. Pauli
156	27. SPIELTAG	FC St. Pauli vs. SC Paderborn 07
160	28. SPIELTAG	Karlsruher SC vs. FC St. Pauli
164	29. SPIELTAG	FC St. Pauli vs. SV Elversberg
168	30. SPIELTAG	Hannover 96 vs. FC St. Pauli
172	31. SPIELTAG	FC St. Pauli vs. Hansa Rostock
178	32. SPIELTAG	Hamburger SV vs. FC St. Pauli
186	33. SPIELTAG	FC St. Pauli vs. VfL Osnabrück
202	34. SPIELTAG	Wehen Wiesbaden vs. FC St. Pauli
208	**MEISTERFEIER**	

VORWORT

➡️ Liebe St. Paulianer*innen, Fans und Freund*innen,

wer diesen Rückblick auf unsere sagenhafte Saison 2023/24 mit fast 300 Bildern auf rund 230 Seiten ganz genau anschaut, wird einen braun-weiß-roten Faden entdecken. Ein Stadtteil, die Fans, ein Team auf allen Ebenen. Ein wunderbares Miteinander, manches Staunen, toller Fußball, starke Charaktere, die in jedem Moment ein internes Ziel verinnerlicht und diesen Traum gejagt haben. Immer diesen Wunsch vor Augen: die Menschen, die diesen Verein so lieben, glücklich zu machen. Mit einem Fußball, wie er selten am Millerntor zelebriert worden ist, einem Trainerteam und einer Kaderplanung, welche sehr genau die Zutaten abgestimmt haben, um den Aufstieg zu ermöglichen.

Immer wieder wurde angezogen, um auch in den Momenten, in denen Widerstandsfähigkeit und Geschlossenheit besonders gefragt waren, Leistung abrufen zu können. Waren es die Unentschieden zu Beginn der Saison oder die aufeinanderfolgenden Niederlagen gegen Karlsruhe und Elversberg – dieses geschlossene Team hat sich immer aus eigener Kraft aus den kribbeligen Situationen befreit, empfindlichen Niederlagen wie im DFB-Pokal gegen Düsseldorf getrotzt, um am Ende die Schale auf dem Spielbudenplatz in die Höhe zu recken. Eine Feier mit weit mehr als 50.000 Menschen, befreundeten Bands und sehr viel Emotionen.

Ein Tag, eine Nacht und ein Titel, welche sich alle Beteiligten verdient haben und uns immer vor Augen führen sollten, dass sich sportliche Ambition, politische Haltung und Engagement nicht ausschließen.

»Keinen Schritt zurück« schrieben unsere Fans in Darmstadt am letzten Spieltag der Saison 2014/2015 auf ein Banner, um ihren Beitrag dafür zu leisten, nicht in die 3. Liga abzusteigen. Diese Motivation ist es, die den FC St. Pauli täglich antreibt, um in einem Umfeld, in dem wir bewusst auf Dinge verzichten, bestehen zu können. Als eingetragener Verein, der demokratisch mit seinen Mitgliedern an einem anderen Fußball arbeitet und ihn abseits der reinen kommerziellen Verwertung weiterentwickeln möchte. Dafür stehen unser Weg und unsere Kraft. Eine Energie, die sich hier in diesem Buch entlädt und euch und unseren Verein euphorisch feiert. Das muss sein, um erneut mit aufgeladenen Batterien die nächsten Herausforderungen anzugehen. Herausforderungen, für die wir uns nach 13 Jahren in der höchsten Liga qualifiziert haben; mit diesem Team, welches mit Geschlossenheit und Mut agiert, um einen noch größeren Erfolg – nämlich einen Klassenerhalt in Liga 1 – zu erreichen.

Immer weiter vor!

Oke Göttlich, Esin Rager, Hanna Obersteller, Luise Gottberg und Jochen Winand im Namen des Präsidiums des FCS

Präsident Oke Göttlich feiert den Aufstieg mit Stadionmikro auf der Tribüne.

LIGA MANNSCHAFT
EINTRITT VERBOTEN

ST. PAULI

2. BUNDESLIGA HINRUNDE

Kapitän Jackson Irvine führt das Team zum Saisonauftakt aufs Feld.

AUFTAKTSIEG AUF DEM BETZENBERG

Ein Saisonauftakt ist immer ein Sprung ins Ungewisse. Wo steht man im Vergleich, passen die Transfers? Doch beim einstigen Angstgegner gelingt zum wiederholten Male ein Sieg.

1. Spieltag

29. Juli 2023

1. FC Kaiserslautern vs. FC St. Pauli

1:2 (0:0)

Tore: 0:1 Saad (51.), 1:1 Ache (66.), 1:2 Hartel (75., Elfmeter)

Aufstellung:
Vasilj – Medic, Smith, Mets – Saliakas, Irvine, Hartel, La. Ritzka (78. Treu), Metcalfe (63. Afolayan), Saad (87. Sinani) – Albers (78. Wahl)

Die starke Rückrunde unter Fabian Hürzeler hatte Hoffnung beim FC St. Pauli geweckt, eine gute Rolle spielen zu können. Sieben Siege in sieben Spielen der Vorbereitung mit 29 Toren taten ihr Übriges. Doch wo man wirklich steht, zeigt sich erst in den Pflichtspielen. Ein Traumpass von Jackson Irvine, das Tor von Elias Saad und ein Strafstoß von Marcel Hartel sorgen dafür, dass der Gästeblock wieder fröhlich mit weißen Taschentüchern zum Heimbereich winken kann.

Marcel Hartel sorgt per Strafstoß für den ersten Saisonsieg.

Jubeltraube, Kapitän und ein sehr glücklicher Elias Saad.

AUFTAKT NACH MASS BEIM EINSTIGEN ANGSTGEGNER

Starker und zahlreicher Support, auch auswärts immer dabei.

Die ersten drei Punkte sind eingetütet, das Team feiert vor dem Gästeblock.

»AUF DEM BETZEN-
BERG, BEI SO EINER
LAUTEN, HITZIGEN
STIMMUNG WEITER
RUHIG ZU BLEIBEN,
SICH TORCHANCEN ZU
ERSPIELEN UND DANN
MIT DEM 2:1-SIEGTREF-
FER ZU BELOHNEN, DAS
MACHT MICH HEUTE
WIRKLICH STOLZ.«

Fabian Hürzeler

Tabelle

PL.	TEAM	SP.	DIFF.	PKT.
1	SpVgg Greuther Fürth	1	5	3
2	Hamburger SV	1	2	3
3	Hansa Rostock	1	2	3
4	Karlsruher SC	1	1	3
5	**FC St. Pauli**	**1**	**1**	**3**
6	Fortuna Düsseldorf	1	1	3
7	Holstein Kiel	1	1	3
8	SV Elversberg	1	0	1
9	Hannover 96	1	0	1
10	1. FC Magdeburg	1	0	1
11	SV Wehen Wiesbaden	1	0	1
12	VfL Osnabrück	1	-1	0
13	1. FC Kaiserslautern	1	-1	0
14	Hertha BSC (A)	1	-1	0
15	Eintracht Braunschweig	1	-1	0
16	FC Schalke 04	1	-2	0
17	1. FC Nürnberg	1	-2	0
18	SC Paderborn 07	1	-5	0

STARKE TORHÜTER HALTEN DIE NULL

Das 0:0 am 32. Spieltag der Vorsaison hatte für beide das Ende der Aufstiegshoffnungen bedeutet. Das Ergebnis wiederholt sich, sorgt aber für bessere Laune.

➡ Jackson Irvine kann die Partie allein entscheiden, scheitert aber am Aluminium oder am starken Florian Kastenmeier. Karol Mets kassiert kurz vor Schluss glatt Rot für ein hartes Einsteigen. Trotz ansprechender Leistungen: ein erster Dämpfer, zumal Jakov Medić vor einem Wechsel zu Ajax Amsterdam steht und bereits im Kader fehlt. Am Ende aber ein hochklassiges Unentschieden zweier Aufstiegsaspiranten.

2. Spieltag

05. August 2023

FC St. Pauli vs. Fortuna Düsseldorf

0:0 (0:0)

Tore: keine

Aufstellung:
Vasilj – Wahl, Smith, Mets – Saliakas, Irvine, Hartel, La. Ritzka – Metcalfe (70. Sinani), Afolayan (81. Albers), Saad (86. Treu)

Die Ruhe vor dem Sturm vorm ersten Liga-Heimspiel.

Schweigeminute vor dem Spiel, nachdem in der Sommerpause ein Bauarbeiter am Millerntor tödlich verunglückt war.

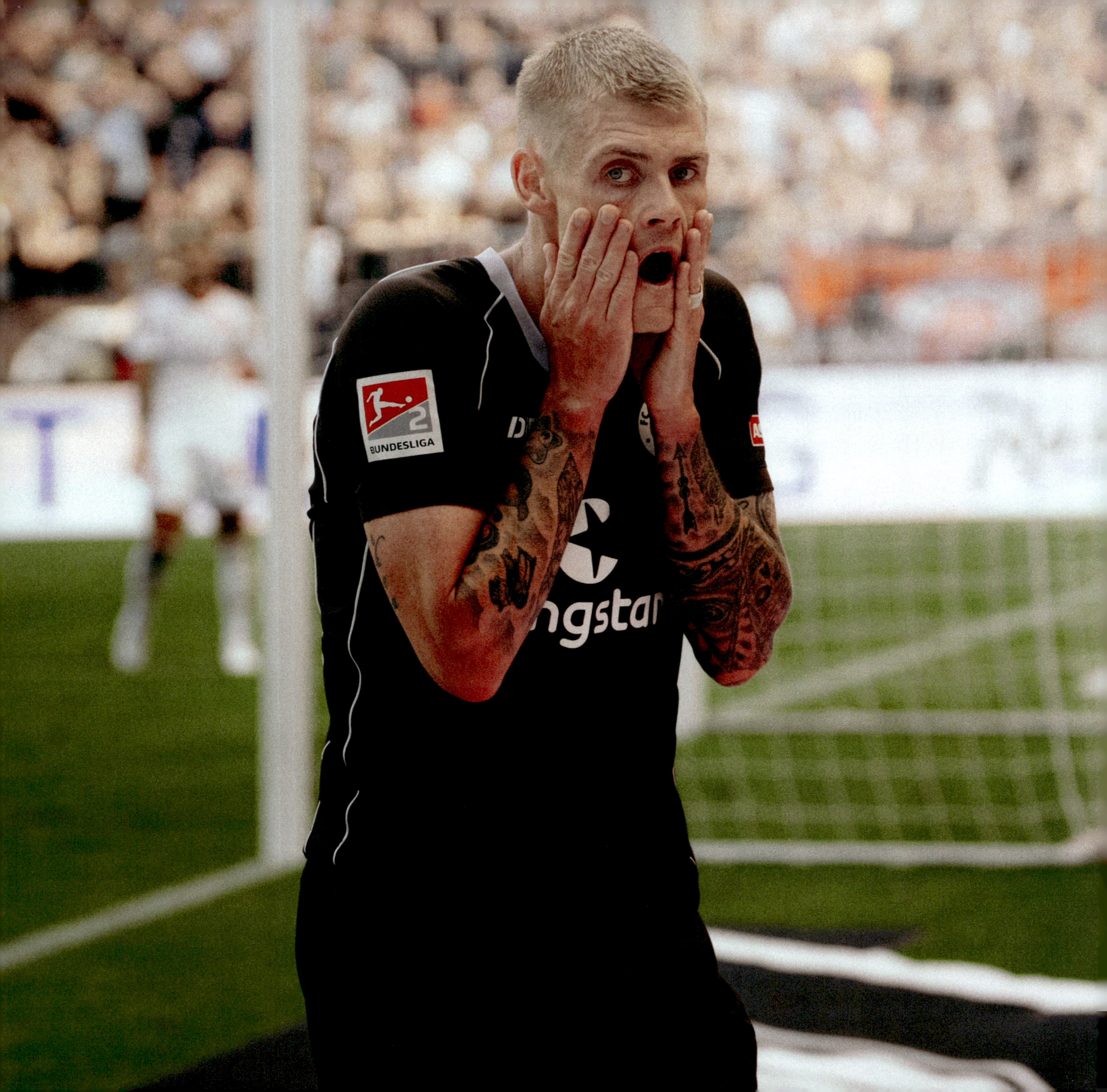
BUNDESLIGA

Nicht nur Eric Smith verzweifelt an diesem Tag an der Chancenverwertung.

Am Support lag es am Millerntor wie immer nicht, auch der Rabaukenblock feuerte an.

2. SPIELTAG

Jackson Irvine im inneren Monolog nach einer der vergebenen Chancen.

»WENN WIR WEITER SO WIE HEUTE SPIELEN KÖNNEN, DANN SIND UNSERE CHANCEN SPIELE ZU GEWINNEN SEHR GROSS.«

Jackson Irvine

Das Team nach Abpfiff vor der Süd. Die Enttäuschung überwog.

Tabelle

PL.	TEAM	SP.	DIFF.	PKT.
1	Hansa Rostock	2	3	6
2	Holstein Kiel	2	2	6
3	Hamburger SV	2	2	4
4	Karlsruher SC	2	1	4
5	1. FC Magdeburg	2	1	4
6	**FC St. Pauli**	**2**	**1**	**4**
7	SV Wehen Wiesbaden	2	1	4
8	Fortuna Düsseldorf	2	1	4
9	SpVgg Greuther Fürth	2	4	3
10	FC Schalke 04	2	1	3
11	Hannover 96	2	0	2
12	SV Elversberg	2	-1	1
13	VfL Osnabrück	2	-1	1
14	1. FC Nürnberg	2	-2	1
15	SC Paderborn 07	2	-5	1
16	Eintracht Braunschweig	2	-2	0
17	Hertha BSC	2	-2	0
18	1. FC Kaiserslautern	2	-4	0

Johannes Eggestein, Manolis Saliakas und Marcel Hartel auf der Runde nach dem Spiel.

3

Philipp Treu verlässt den Teambus.

ALBERS' SIEGTREFFER ZÄHLT NICHT

In Fürth sah der FC St. Pauli früher oft nicht gut aus, sodass ein Punkt durchaus okay ist. Eine Szene am Ende aber sorgt für Diskussionen.

3. Spieltag

19. August 2023

SpVgg Greuther Fürth vs. FC St. Pauli

0:0 (0:0)

Tore: keine

Im Fürther Ronhof kommt es zu einer Hitzeschlacht, bei der beide Teams Chancen zum Sieg haben. Andreas Albers sorgt spät in der Nachspielzeit für Jubel auf Seiten der Braun-Weißen, allerdings entscheidet das Schiedsrichter-Gespann auf Abseits. Aufgrund einer vorherigen Klärungsaktion eines Fürthers ist dies durchaus umstritten. Am Ende steht die Null auch am Ronhof.

Aufstellung:
Vasilj – Wahl, Smith, Dzwigala (46. Nemeth) – Saliakas, Irvine, Hartel, La. Ritzka (89. Treu), Metcalfe (64. Banks), Saad (80. Albers) – Afolayan (46. Sinani)

Kündigt Marcel Hartel hier das zweite 0:0 in Folge an?

FÜNF PUNKTE AUS DREI SPIELEN. IST DAS GLAS HALBVOLL ODER HALBLEER?

Die einzige Ecke für den FC St. Pauli an diesem Tag am Fürther Ronhof.

Tabelle

PL.	TEAM	SP.	DIFF.	PKT.
1	Hamburger SV	3	5	7
2	1. FC Magdeburg	3	3	7
3	SV Wehen Wiesbaden	3	2	7
4	Hansa Rostock	3	2	6
5	Holstein Kiel	3	0	6
6	Hannover 96	3	1	5
7	**FC St. Pauli**	**3**	**1**	**5**
8	SpVgg Greuther Fürth	3	4	4
9	Karlsruher SC	3	0	4
10	Fortuna Düsseldorf	3	0	4
11	1. FC Nürnberg	3	-1	4
12	SC Paderborn 07	3	-4	4
13	FC Schalke 04	3	0	3
14	Eintracht Braunschweig	3	-1	3
15	1. FC Kaiserslautern	3	-3	3
16	SV Elversberg	3	-2	1
17	VfL Osnabrück	3	-2	1
18	Hertha BSC	3	-5	0

Verfrühter Jubel, Diskussionen und der Gästeblock.

3. SPIELTAG

Die Kabine vor Anpfiff. Alles ist angerichtet.

THREE IN A ROW: NUR 0:0 TROTZ CHANCENWUCHER

Es gibt diese Spiele, bei denen man gefühlt noch stundenlang weiterspielen kann, aber sicher kein Tor erzielen wird. Gegen Magdeburg werden daher nur vor dem Spiel Zeichen gesetzt.

4. Spieltag

27. August 2023

FC St. Pauli vs. 1. FC Magdeburg

0:0 (0:0)

Tore: keine

Aufstellung:
Vasilj – Wahl, Smith, Nemeth – Saliakas (83. Treu), Irvine, Hartel, La. Ritzka – Afolayan (83. Metcalfe), Albers (90.+1 J. Eggestein), Saad (73. Banks)

➡ Auf den Rängen gibt es eine »Rote Karte für Polizeigewalt«-Choreographie, als Unterstützung der Braun-Weißen Hilfe. Auf dem Rasen fehlt jetzt dauerhaft Afeez Aremu, der nach Kaiserslautern transferiert worden war. Und zum dritten Mal in Serie fehlen auch die Tore. 28:5 Torschüssen und einem »expected goals«-Wert von 2,0 zu 0,59 zum Trotz. Drei torlose Unentschieden in Serie hatte es zuletzt im April 1998 gegeben. Die Rufe nach einer Verstärkung im Sturm werden lauter.

Jackson Irvine führt sein Team auf den Platz, im Hintergrund die «Rote Karte für Polizeigewalt»-Choreo.

DIE ANFANGSEUPHORIE IST INZWISCHEN VERFLOGEN

Oladapo Afolayan im Ballbesitz, der Gegner wartet ab.

4. SPIELTAG

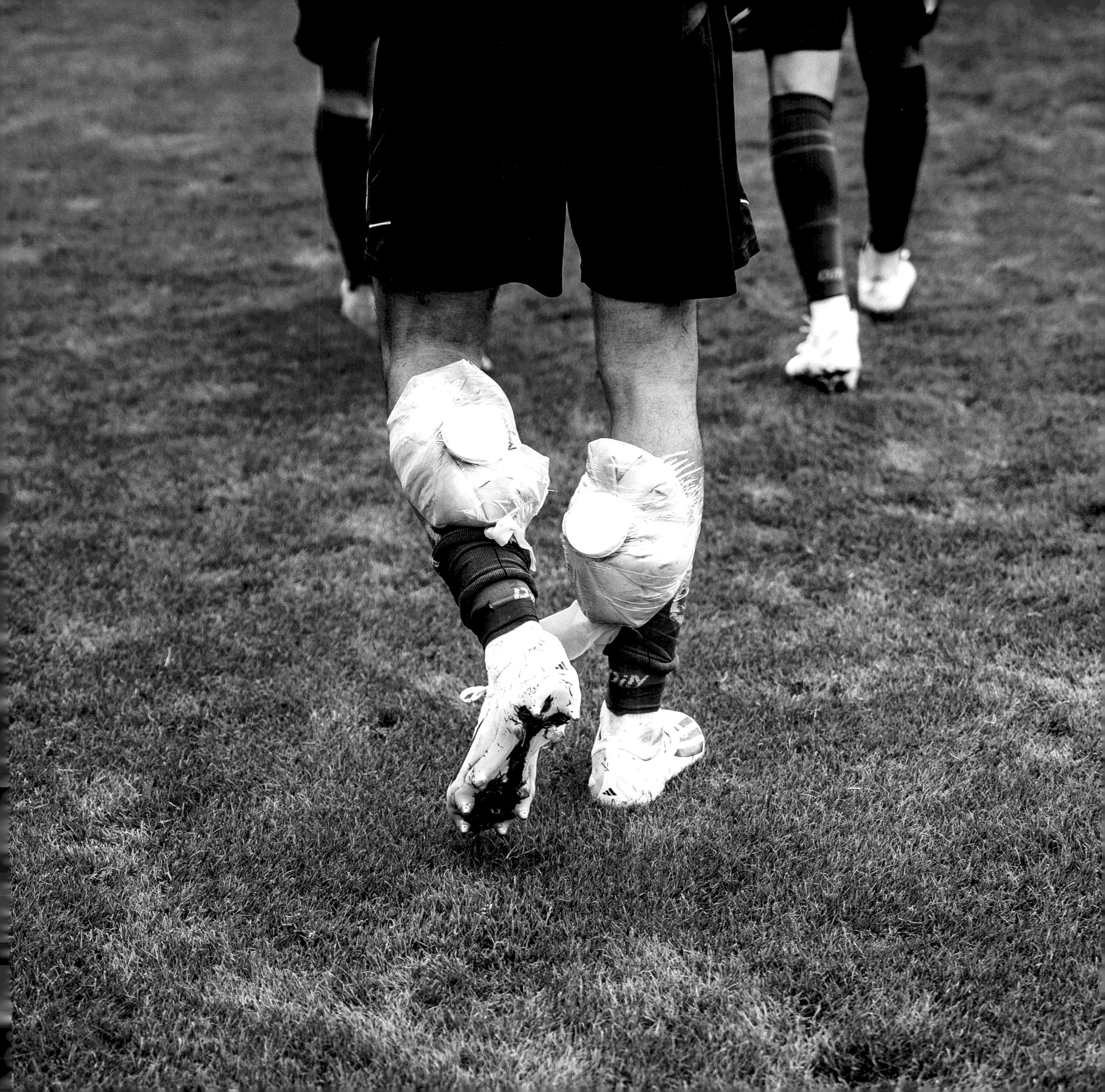

»Das Herz von St. Pauli, das ist meine Heimat.«

»SELBST IN DER ERSTEN HÄLFTE DER SAISON, ALS WIR VIELE SPIELE UNENTSCHIEDEN GESPIELT HABEN, WAR DER GLAUBE SO GROSS, ICH HABE NIE AN DIESEN SPIELERN GEZWEIFELT.«

Jackson Irvine

Tabelle

PL.	TEAM	SP.	DIFF.	PKT.
1	Hamburger SV	4	6	10
2	Hansa Rostock	4	3	9
3	Holstein Kiel	4	2	9
4	1. FC Magdeburg	4	3	8
5	Fortuna Düsseldorf	4	5	7
6	Karlsruher SC	4	2	7
7	SV Wehen Wiesbaden	4	1	7
8	1. FC Nürnberg	4	0	7
9	**FC St. Pauli**	**4**	**1**	**6**
10	1. FC Kaiserslautern	4	-2	6
11	Hannover 96	4	0	5
12	SbVgg Greuther Fürth	4	-1	4
13	SC Paderborn 07	4	-5	4
14	Hertha BSC	4	0	3
15	FC Schalke 04	4	-2	3
16	Eintracht Braunschweig	4	-3	1
17	VfL Osnabrück	4	-3	1
18	SV Elversberg	4	-7	1

Stark im Glauben, auch bei Enttäuschungen: Jackson Irvine.

Artist und Torschütze: Elias Saad.

TRANSFER, BOYKOTT UND EINE VERLETZUNG

Im Vorfeld hatte die Preispolitik der Braunschweiger für Verstimmung gesorgt, am Spieltag selbst sorgt eine Neuverpflichtung für Euphorie. Und am Ende steht ein Punkt.

5. Spieltag

01. September 2023

Eintracht Braunschweig vs. FC St. Pauli

1:1 (0:0)

Tore: 0:1 Saad (59.), 1:1 Helgasson (80.)

Aufstellung:
Vasilj – Wahl, Smith, Mets – Saliakas, Irvine, Hartel, La. Ritzka (90. Treu) – Afolayan, Albers (76. Banks, 90. Sinani), Saad (90. Metcalfe)

➡ 21 Euro verlangt Braunschweig für Stehplätze im Gästebereich. Grund genug für ein deutliches Zeichen der Auswärtsfans, die das Spiel in den ersten zwölf Minuten geschlossen außerhalb des Stadions verfolgen. Auf dem Weg nach Braunschweig haben sie erfahren, dass mit Simon Zoller der erhoffte Stürmer verpflichtet wurde, der allerdings noch nicht zum Einsatz kommt. Dafür trifft Elias Saad. Mit Scott Banks verletzt sich leider eine weitere Neuverpflichtung schwer am Knie.

Ganz großes Tennis: Protest gegen die Eintrittspreise.

Marcel Hartel mit einer Ecke, als es noch nach Auswärtssieg aussah.

»DAS IST EXTREM BITTER, WEIL WIR DRAN WAREN, DAS 2:0 ZU MACHEN. DAS FEHLT UNS MOMENTAN, DASS WIR DIE PARTIE DANN MIT EINEM 2:0 ODER 3:0 FÜR UNS ENTSCHEIDEN, DESHALB SIND WIR TOTAL ENTTÄUSCHT.«

Hauke Wahl

Der leere Gästeblock als Zeichen des Protests gegen den Topzuschlag für Gästefans.

Tabelle

PL.	TEAM	SP.	DIFF.	PKT.
1	Hamburger SV	5	8	13
2	Holstein Kiel	5	3	12
3	1. FC Magdeburg	5	5	11
4	Fortuna Düsseldorf	5	7	10
5	Hansa Rostock	5	1	9
6	1. FC Kaiserslautern	5	0	9
7	Hannover 96	5	2	8
8	SV Wehen Wiesbaden	5	1	8
9	**FC St. Pauli**	**5**	**1**	**7**
10	Karlsruher SC	5	0	7
11	1. FC Nürnberg	5	-2	7
12	FC Schalke 04	5	-2	7
13	SpVgg Greuther Fürth	5	-3	4
14	Eintracht Braunschweig	5	-3	4
15	SV Elversberg	5	-6	4
16	SC Paderborn 07	5	-6	4
17	Hertha BSC	5	-2	3
18	VfL Osnabrück	5	-4	1

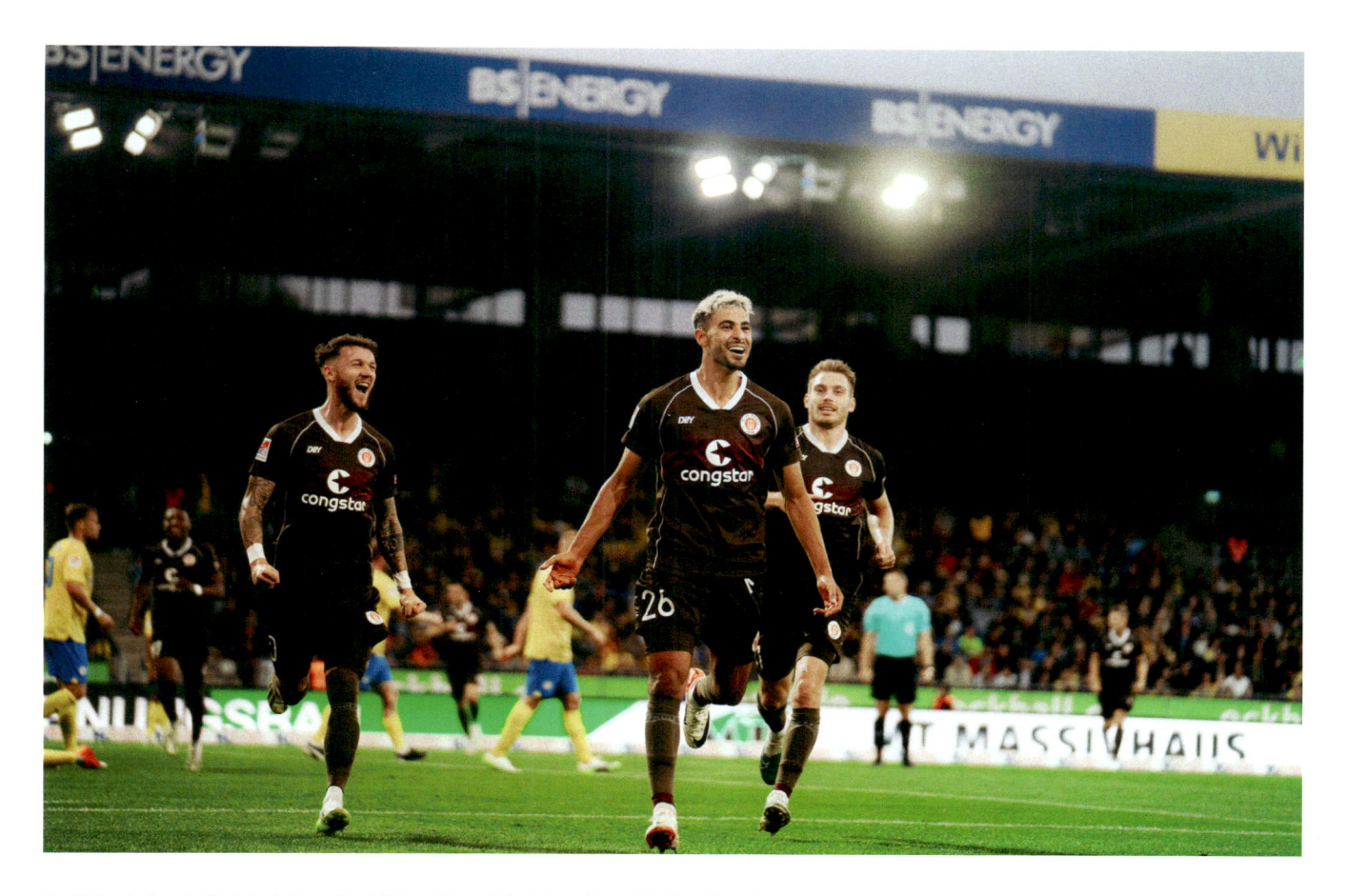

Endlich wieder ein Torjubel: Elias Saad feiert, Marcel Hartel und Lars Ritzka eilen dazu.

6

Eric Smith trägt sich in die Torschützenliste ein und bedankt sich bei ganz oben.

TRAUMTORE AUS DER KETCHUP-FLASCHE

In den Vorwochen wollte der Ball nicht ins Tor, Jackson Irvine hat sich zudem in der Länderspielpause verletzt. Doch gegen Kiel soll alles besser werden.

6. Spieltag

17. September 2023

FC St. Pauli vs. Holstein Kiel

5:1 (3:0)

Tore: 1:0 Metcalfe (4.), 2:0 Smith (7.), 3:0 Afolayan (38.), 3:1 Holtby (50.), 4:1 La. Ritzka (70.), 5:1 Hartel (90.+4)

➡ Das Millerntor erstrahlt in einer Choreo mit braunen, weißen und roten Fahnen, über alle Tribünen hinweg. Auf dem Rasen strahlt Connor Metcalfe nach vier Minuten, als er einen Distanzschuss aus über 20 Metern in den Winkel schweißt, der später zum »Tor des Monats« gewählt wird. Ein Freistoß von Smith in den Winkel, ein Strahl von Dapo Afolayan und weitere Distanztore von Lars Ritzka und Marcel Hartel. Wenn es läuft …

Aufstellung:
Vasilj – Wahl, Smith (87. Dzwigala), Mets – Treu, Metcalfe, Hartel, La. Ritzka – Afolayan (87. Boukhalfa), J. Eggestein (71. Albers), Saad (77. Amenyido)

»Das ganze Stadion« – hier die Choreographie der Südkurve und der Haupttribüne.

Connor Metcalfe hat auch Grund zum Jubeln, stellt er doch mit dem 1:0-Treffer die Weichen zum Erfolg.

»WIR HABEN VERSUCHT, RUHIG ZU BLEIBEN, UNSEREN STIL DURCHZUHALTEN. MIT DEM SPIEL GEGEN KIEL HAT SICH DAS AUSGEZAHLT.«

Fabian Hürzeler

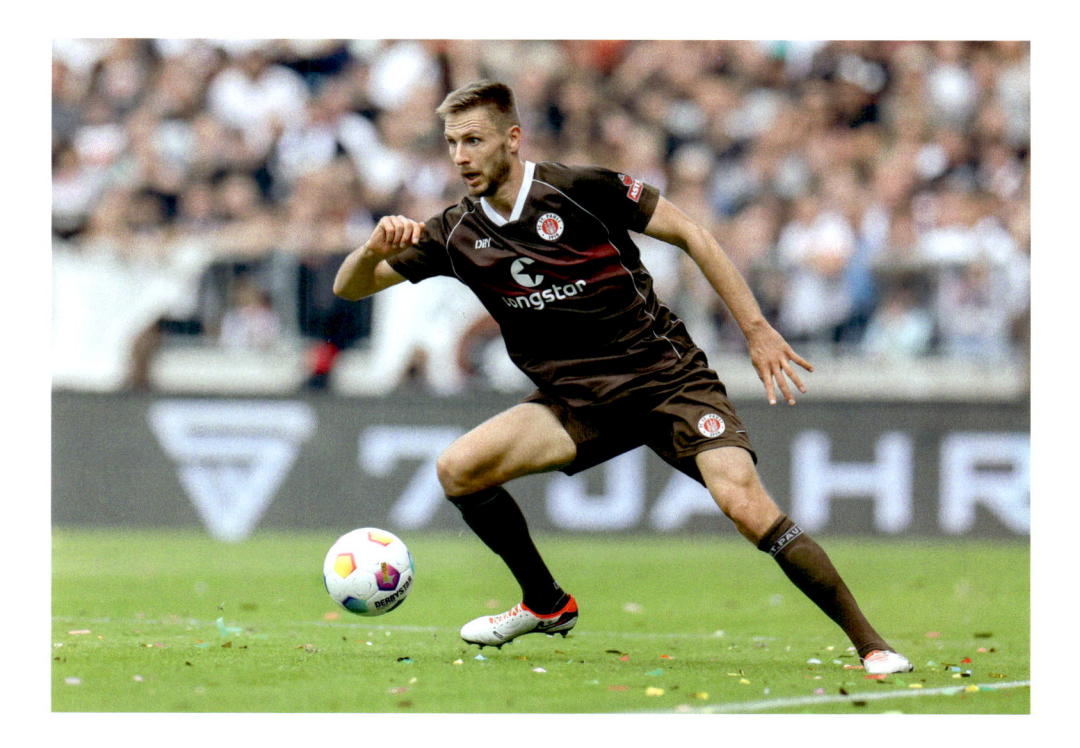

Selten im Mittelpunkt, aber auch entscheidend für den Erfolg von St. Pauli: Karol Mets.

Tabelle

PL.	TEAM	SP.	DIFF.	PKT.
1	Fortuna Düsseldorf	6	9	13
2	Hamburger SV	6	7	13
3	Holstein Kiel	6	-1	12
4	Hannover 96	6	9	11
5	1. FC Magdeburg	6	4	11
6	**FC St. Pauli**	**6**	**5**	**10**
7	1. FC Kaiserslautern	6	0	10
8	Hansa Rostock	6	-1	9
9	Karlsruher SC	6	0	8
10	SV Wehen Wiesbaden	6	0	8
11	1. FC Nürnberg	6	-2	8
12	FC Schalke 04	6	-1	7
13	SV Elversberg	6	-5	7
14	SC Paderborn 07	6	-5	7
15	Hertha BSC	6	1	6
16	SpVgg Greuther Fürth	6	-3	5
17	Eintracht Braunschweig	6	-6	4
18	VfL Osnabrück	6	-11	1

Hauke Wahl feiert die drei Punkte gebührend.

6. SPIELTAG

FREIBEUTER NEHMEN KURS AUF DIE 1. LIGA

Die Choreo auf der Süd weist den Weg, mit dem Sieg springt der FC St. Pauli erstmals in dieser Saison auf einen Aufstiegsplatz. Nach dem Spiel redet man über den Gästeblock.

»Freibeuter der Liga – immer auf Kurs« – lautet der Text der Choreo der Südkurve, untermalt mit Zetteln, Pyrotechnik und einem überdimensionalen Piratenskelett am Steuerrad. Auf dem Platz braucht es einen Handelfmeter zur ersten und den Innenpfosten zur zweiten Führung (jeweils durch Hartel), ehe Carlo Boukhalfa das Millerntor in der Nachspielzeit erlöst. Nach Abpfiff sorgt der Gästeblock für unschöne Szenen, bei denen auch Ordner verletzt werden.

7. Spieltag

23. September 2023

FC St. Pauli vs. FC Schalke 04

3:1 (1:1)

Tore: 1:0 Hartel (21., Elfmeter), 1:1 Polter (29.), 2:1 Hartel (57.), 3:1 Boukhalfa (90.+2)

Aufstellung:
Vasilj – Wahl, Smith, Mets – Saliakas, Irvine, Hartel, La. Ritzka – Metcalfe (70. Sinani), Afolayan (81. Albers), Saad (86. Treu)

Fabian Hürzeler nach dem Spiel im Interview.

Die Choreo vor dem Anpfiff auf der Süd. Sie wird später beim Pokalspiel wiederverwendet.

ES GRÜSST VON PLATZ 2: DER FC ST. PAULI!

Ein Foto wie ein Gemälde: Pyrotechnik und Fahnen auf der Süd.

Jubel nach Marcel Hartels' Führungstor zum 1:0.

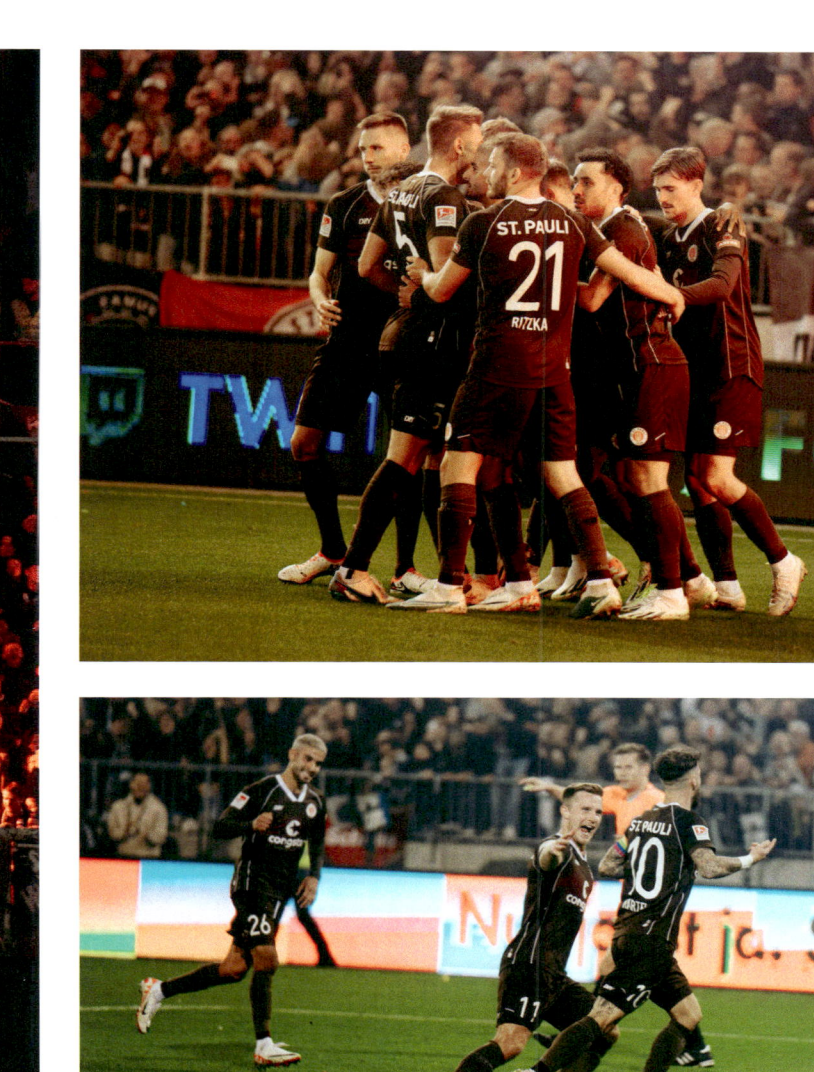

»Pyrotechnik ist kein Verbrechen!«

7. SPIELTAG

Carlo Boukhalfa überglücklich nach seinem Tor zum 3:1.

> **»ÜBER DAS TOR FREUE ICH MICH SEHR. WAS ABER NOCH MEHR ZÄHLT, IST DER SIEG.«**
>
> Carlo Boukhalfa

Ausgelassener Jubel nach Abpfiff vor der Süd.

Tabelle

PL.	TEAM	SP.	DIFF.	PKT.
1	Fortuna Düsseldorf	7	9	14
2	**FC St. Pauli**	**7**	**7**	**13**
3	Hamburger SV	7	6	13
4	1. FC Kaiserslautern	7	2	13
5	Hannover 96	7	9	12
6	1. FC Magdeburg	7	4	12
7	Holstein Kiel	7	-2	12
8	SV Elversberg	7	-3	10
9	Hertha BSC	7	2	9
10	1. FC Nürnberg	7	-2	9
11	Hansa Rostock	7	-3	9
12	Karlsruher SC	7	-1	8
13	SpVgg Greuther Fürth	7	-2	8
14	SV Wehen Wiesbaden	7	-2	8
15	SC Paderborn 07	7	-3	7
16	FC Schalke 04	7	-3	7
17	Eintracht Braunschweig	7	-6	5
18	VfL Osnabrück	7	-10	4

Jubeltraube des Teams, Freude auch bei Chef- und Athletiktrainer.

Auch eine ungewohnte Farbgebung bringt die Mannschaft nicht aus dem Konzept.

STATEMENT-SIEG IN DER HAUPSTADT

Vor etwa 15.000 mitgereisten Fans gewinnt der FCSP im Berliner Olympiastadion hochverdient mit 2:1 und springt erstmals an die Tabellenspitze.

8. Spieltag

30. September 2023

Hertha BSC vs. FC St. Pauli

1:2 (0:1)

Tore: 0:1 J. Eggestein (25.), 0:2 Hartel (74.), 1:2 Scherhant (83.)

➡ Es fühlt sich ein bisschen wie ein »DFB-Pokalfinale light« an, als die braun-weiße Kurve das Team auf dem Rasen begrüßt. Dieses bedankt sich mit einer Machtdemonstration und spielt die Hertha über weite Strecken an die Wand.

Johannes Eggestein trifft erstmals seit November 2022 wieder, Deniz Aytekin nimmt einen eigentlich klaren Elfmeter zurück und völlig unnötig muss am Ende doch noch gezittert werden – ehe gejubelt werden darf.

Aufstellung:
Vasilj – Wahl, Smith, Mets – Saliakas, Metcalfe (71. Irvine), Hartel (90.+1 Boukhalfa), La. Ritzka – Afolayan (85. Amenyido), J. Eggestein (71. Albers), Saad (85. Treu)

Marcel Hartel in Vertretung von Jackson Irvine als Kapitän.

DIE TABELLENFÜHRUNG? GERNE GENOMMEN. NOCH WICHTIGER WAR ABER DER ÜBERZEUGENDE AUFTRITT.

Eindrucksvoller Gästeblock im Olympiastadion.

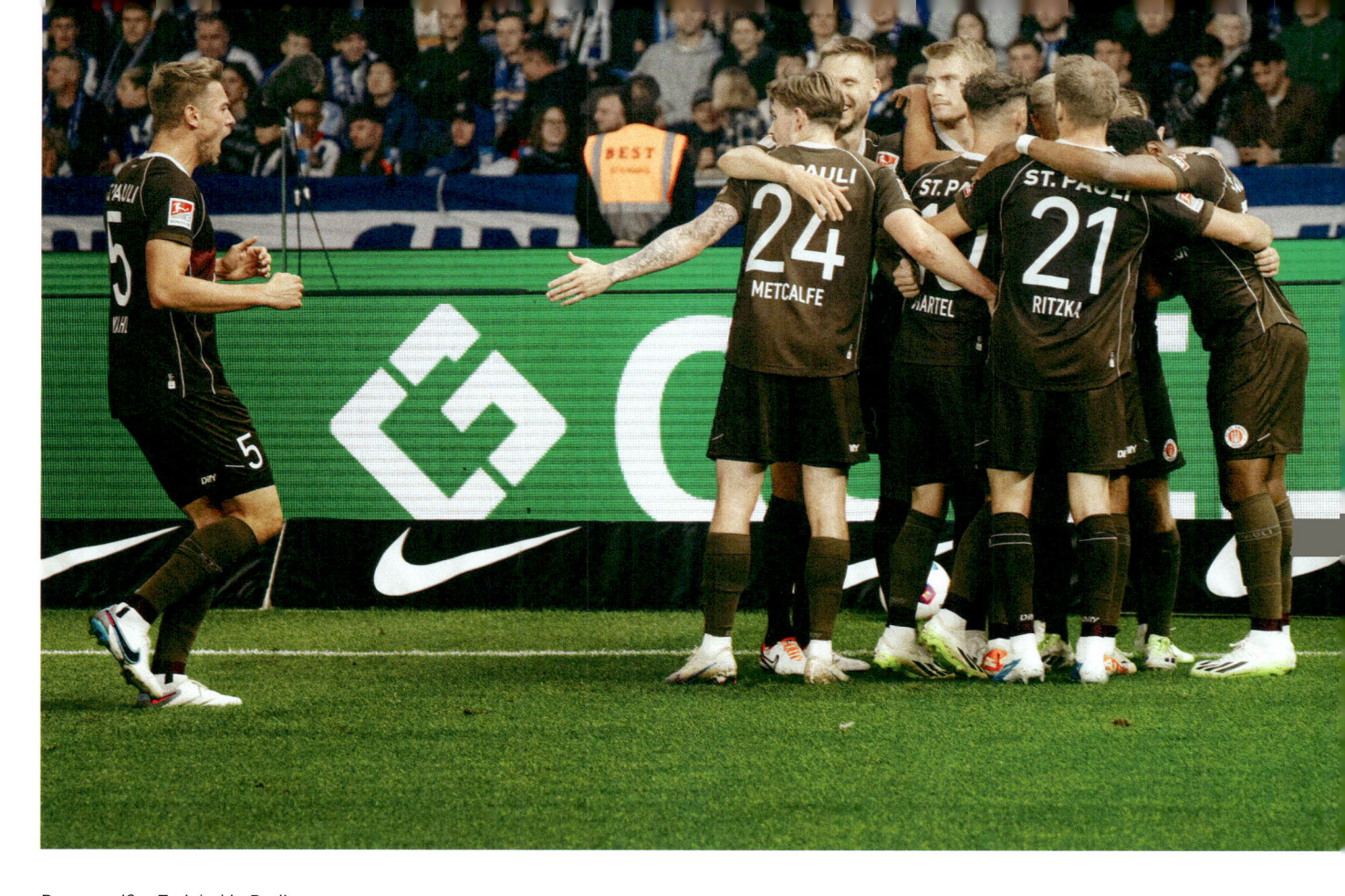

Braun-weißer Torjubel in Berlin.

Tabelle

PL.	TEAM	SP.	DIFF.	PKT.
1	**FC St. Pauli**	**8**	**8**	**16**
2	Hamburger SV	8	7	16
3	Hannover 96	8	11	15
4	Holstein Kiel	8	0	15
5	Fortuna Düsseldorf	8	8	14
6	1. FC Kaiserslautern	8	2	14
7	1. FC Magdeburg	8	3	12
8	1. FC Nürnberg	8	-1	12
9	Hansa Rostock	8	-2	12
10	SV Elversberg	8	-3	11
11	SC Paderborn 07	8	-3	11
12	Hertha BSC	8	1	9
13	SpVgg Greuther Fürth	8	-2	9
14	Karlsruher SC	8	-3	8
15	SV Wehen Wiesbaden	8	-4	8
16	FC Schalke 04	8	-5	7
17	Eintracht Braunschweig	8	-7	5
18	VfL Osnabrück	8	-10	5

Hauke Wahl: zufrieden.

Peter Nemeth freut sich ebenfalls.

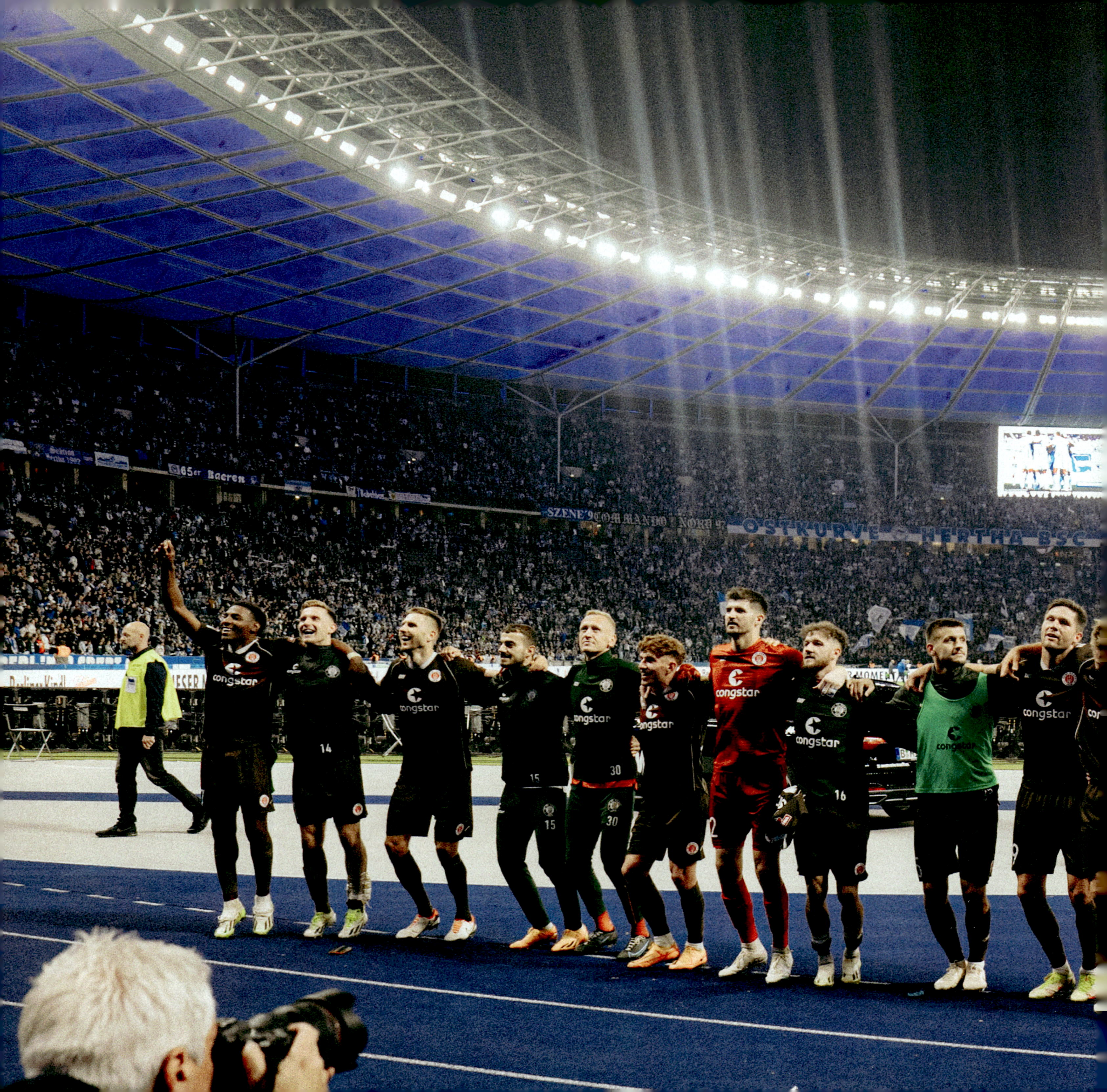
OSTKURVE
HERTHA BSC
congstar

Würdiger Rahmen: Im vollbesetzten Berliner Olympiastadion feiert das Team nach dem Spiel vor der Gästekurve.

Hohe Sprünge, nicht nur in der Tabelle: Manolis Saliakas.

ERST BLITZSCHNELL, DANN ÜBERZEUGEND

Der 7. Oktober 2023 geht aufgrund des Terroranschlags der Hamas auf Israel in die Geschichte an. Am Millerntor holt der FC St. Pauli am gleichen Abend drei Punkte.

9. Spieltag

07. Oktober 2023

FC St. Pauli vs. 1. FC Nürnberg

5:1 (1:1)

Tore: 1:0 Saad (4.), 1:1 Okunuki (24.), 2:1 J. Eggestein (49.), 3:1 J. Eggestein (56.), 4:1 Amenyido (90.+4), 5:1 Metcalfe (90.+5)

Aufstellung:
Vasilj – Wahl, Smith, Mets – Saliakas (90.+1 Treu), Irvine, Hartel (90.+1 Boukhalfa), La. Ritzka – Afolayan (64. Metcalfe), J. Eggestein (80. Albers), Saad (80. Amenyido)

➡ Das dritte Samstagabendspiel in Serie, der dritte Sieg. Jackson Irvine ist nach seiner verletzungsbedingten Pause zurück in der Startelf und direkt an der frühen Führung durch Elias Saad beteiligt. Aufgrund eines Abwehrfehlers kommt Nürnberg vor der Halbzeit zum Ausgleich – und wird dann in der 2. Hälfte zerlegt. Doppelpack von Johannes Eggestein und ein Tor sowie ein Assist von Etienne Amenyido in der Nachspielzeit sorgen für das 5:1.

Die Süd feiert schon vorm Abpfiff.

Doppeltorschütze Johannes Eggestein im Zweikampf.

»GLÜCKWUNSCH AN ST. PAULI ZU EINEM GUTEN SPIEL UND ZU EINEM VERDIENTEN SIEG. HEUTE HABEN WIR GEGEN EINE MANNSCHAFT VERLOREN, DIE EINFACH BESSER WAR ALS WIR.«

Christian Fiél, Trainer des 1. FC Nürnberg

Gut gelaunt, die Handschuhe verstaut: Nikola Vasilj.

Tabelle

PL.	TEAM	SP.	DIFF.	PKT.
1	FC St. Pauli	9	12	19
2	Hamburger SV	9	7	17
3	1. FC Kaiserslautern	9	4	17
4	Holstein Kiel	9	0	16
5	Hannover 96	9	9	15
6	Fortuna Düsseldorf	9	8	15
7	SC Paderborn 07	9	-1	14
8	1. FC Magdeburg	9	3	13
9	Hertha BSC	9	2	12
10	SpVgg Greuther Fürth	9	-1	12
11	SV Elversberg	9	-3	12
12	Hansa Rostock	9	-3	12
13	1. FC Nürnberg	9	-5	12
14	Karlsruher SC	9	-3	9
15	SV Wehen Wiesbaden	9	-4	9
16	FC Schalke 04	9	-6	7
17	VfL Osnabrück	9	-10	6
18	Eintracht Braunschweig	9	-9	5

Abklatschen vor der Süd: Jackson Irvine führt das Team vor die Fans.

10

Konzentrationsphase vor dem Spiel – die Kopfhörer sind auch bei Carlo Boukhalfa dabei.

ERSTER RÜCKSTAND, AM ENDE DIE FÜHRUNG VERSPIELT

Nach einer Schweigeminute spielt zunächst nur der SC Paderborn. Der FCSP dreht das Spiel nach der Pause, muss sich am Ende aber mit einem Remis begnügen.

10. Spieltag

21. Oktober 2023

SC Paderborn 07 vs. FC St. Pauli

2:2 (1:0)

Tore: 1:0 Muslija (9.), 1:1 J. Eggestein (48.), 1:2 Irvine (78.), 2:2 Biblija (82.)

Aufstellung:
Vasilj – Dzwigala, Wahl, Mets – Saliakas (76. Treu), Irvine, Hartel, La. Ritzka – Afolayan (88. Zoller), J. Eggestein (88. Amenyido), Saad (46. Metcalfe)

Aus der Länderspielpause kam der FCSP ohne den angeschlagenen Eric Smith und auch ohne den gewohnten Drive. Ein Kunstschuss von Muslija aus der eigenen Hälfte, danach verdienter Pausenrückstand. Johannes Eggestein trifft anschließend erst ins Tor und dann den Pfosten, den Abpraller verwandelt Jackson Irvine zur Führung. Nach dem späten Ausgleich erzielt Paderborn sogar noch die Führung, die jedoch wegen Abseits aberkannt wird.

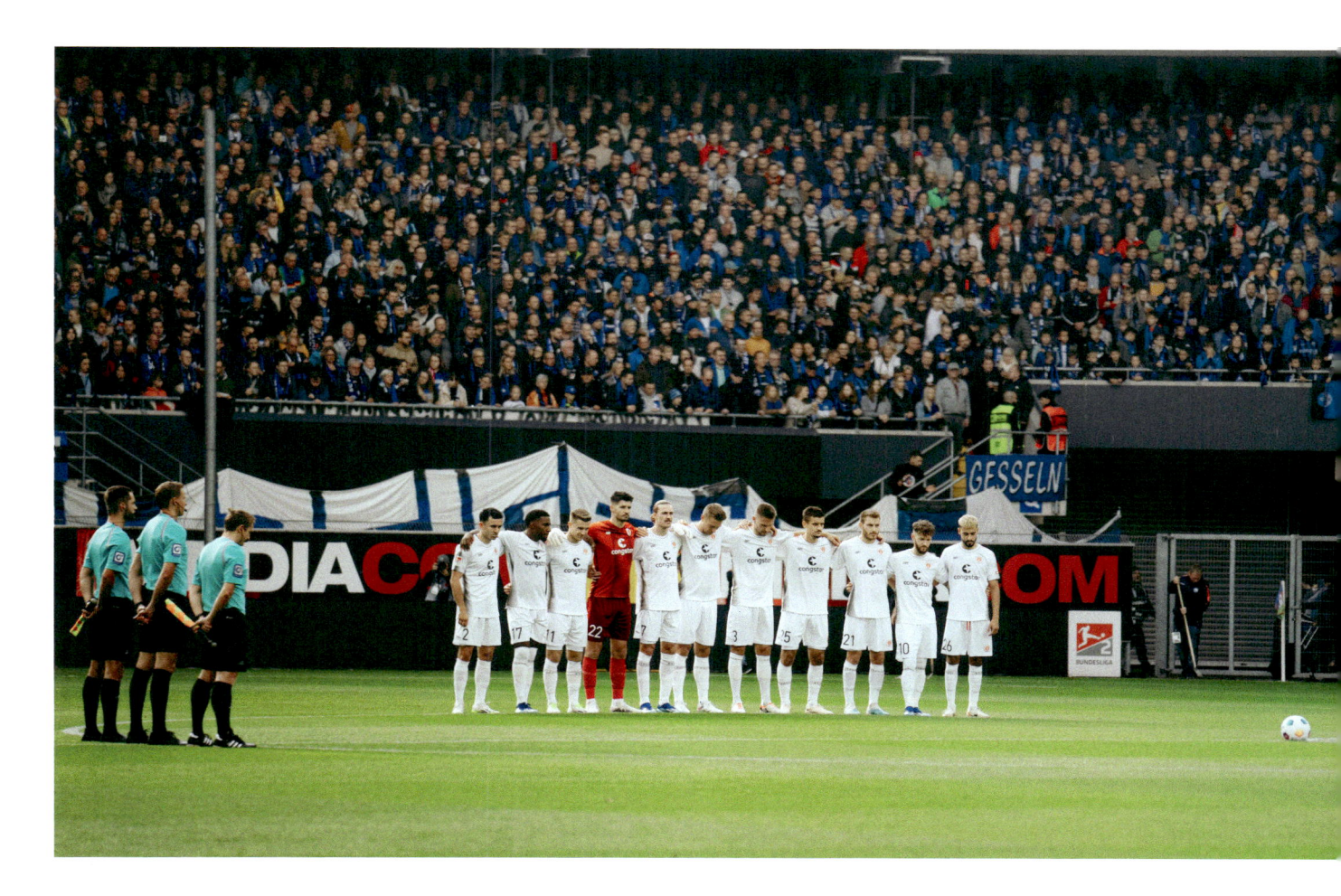

Schweigeminute anlässlich des Terrors in Israel.

Gute Haltungsnoten, aber dieser Kopfball führt noch nicht zum Tor.

»DIE ERSTE HÄLFTE HÄTTE DEUTLICH BESSER SEIN KÖNNEN VON UNS, MIT DER ZWEITEN HALBZEIT KÖNNEN WIR ABER SEHR ZUFRIEDEN SEIN. DA HABEN WIR GEZEIGT, WELCH STARKE MANNSCHAFT WIR SIND.«

Jackson Irvine

Diesmal darf gejubelt werden: Jackson Irvine auf dem Weg zu Johannes Eggestein.

Tabelle

PL.	TEAM	SP.	DIFF.	PKT.
1	FC St. Pauli	10	12	20
2	Hamburger SV	10	9	20
3	Holstein Kiel	10	2	19
4	Hannover 96	10	10	18
5	Fortuna Düsseldorf	10	9	18
6	1. FC Kaiserslautern	10	3	17
7	SV Elversberg	10	0	15
8	SC Paderborn 07	10	-1	15
9	1. FC Nürnberg	10	-3	15
10	1. FC Magdeburg	10	2	13
11	Hertha BSC	10	0	12
12	Karlsruher SC	10	0	12
13	SV Wehen Wiesbaden	10	-2	12
14	SpVgg Greuther Fürth	10	-3	12
15	Hansa Rostock	10	-5	12
16	FC Schalke 04	10	-9	7
17	VfL Osnabrück	10	-12	6
18	Eintracht Braunschweig	10	-12	5

Einen Punkt gewonnen oder zwei verloren? Gedankenspiele vorm Gästeblock.

11

Die Rabauken-Kinder einheitlich mit der 12 auf dem Rücken.

PHILIPP TREU MIT DEM SCHUSS INS GLÜCK

Lange sieht es danach aus, als würde ausgerechnet Igor Matanović für die erste Saisonniederlage des FC St. Pauli sorgen. Doch sehr spät kommt es noch ganz anders.

11. Spieltag

28. Oktober 2023

FC St. Pauli vs. Karlsruher SC

2:1 (0:1)

Tore: 0:1 Matanovic (43.),
1:1 J. Eggestein (80.), 2:1 Treu (90.+2)

Aufstellung:
Vasilj – Wahl, Smith, Mets – Saliakas (66. Sinani), Irvine, Hartel, La. Ritzka (66. Zoller) – Metcalfe (83. Treu), J. Eggestein (90.+1 Amenyido), Afolayan (46. Saad)

Der FCSP hat PUMA als Ausrüster zur neuen Saison vorgestellt, auf den Tribünen wird 15 Jahre »Nord Support« gefeiert und auf dem Rasen kommen Smith und Metcalfe in die Startelf. Kurz vor der Pause sorgt Ex-Kiezkicker Matanovic für die Gästeführung, eine starke Einzelaktion von Eggestein in der 80. Minute bringt den Ausgleich. Simon Zollers Tor wird nicht anerkannt, der Volley von Philipp Treu in der Nachspielzeit aber sorgt für einen Traumtreffer und eine Gefühlsexplosion im Stadion.

15 Jahre Nord Support – das Herz der Kurve.

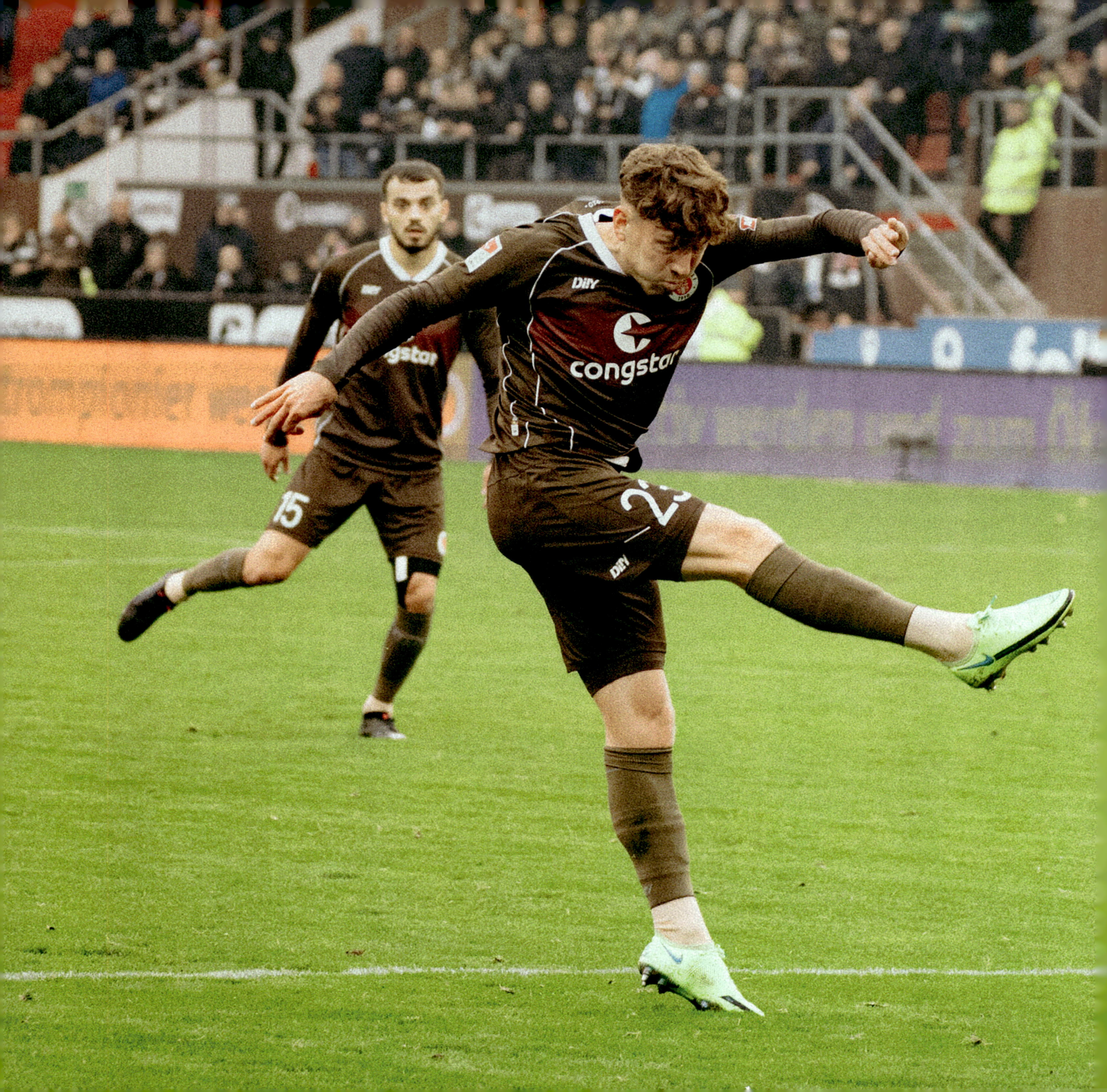
congstar

Der Schuss ins Glück in der Nachspielzeit: Philipp Treu mit perfekter Schusshaltung zum 2:1.

Eben noch Schütze, jetzt gefeiert: Philipp Treu.

> »HAUKE WAHL HAT MICH NOCHMAL GEPUSHT, DASS ICH AUCH MIT NACH VORNE GEHEN UND ALLES REINHAUEN SOLL.«

Philipp Treu

Tabelle

PL.	TEAM	SP.	DIFF.	PKT.
1	FC St. Pauli	11	13	23
2	Fortuna Düsseldorf	11	12	21
3	Hamburger SV	11	9	21
4	Holstein Kiel	11	0	19
5	Hannover 96	11	9	18
6	1. FC Kaiserslautern	11	3	18
7	SV Elversberg	11	1	18
8	1. FC Nürnberg	11	-1	18
9	Hertha BSC	11	2	15
10	SpVgg Greuther Fürth	11	1	15
11	SV Wehen Wiesbaden	11	-1	15
12	SC Paderborn 07	11	-3	15
13	1. FC Magdeburg	11	1	13
14	Karlsruher SC	11	-1	12
15	Hansa Rostock	11	-6	12
16	FC Schalke 04	11	-8	10
17	VfL Osnabrück	11	-16	6
18	Eintracht Braunschweig	11	-15	5

Eric Smith und Johannes Eggestein in der Analyse, Manolis Saliakas und Connor Metcalfe mit dem visualisierten Endergebnis.

12

Der Gegner springt vergeblich: Marcel Hartel trifft zum 2:0.

PERFEKTER ABSCHLUSS EINER ENGLISCHEN WOCHE

Am Dienstag hatte der FCSP nach Verlängerung den FC Schalke im Pokal besiegt, schon am Freitag muss er ins Saarland, wo er die Woche mit einem souveränen Auswärtssieg abschließt.

12. Spieltag

03. November 2023

SV Elversberg vs. FC St. Pauli

0:2 (0:2)

Tore: 0:1 J. Eggestein (16.), 0:2 Hartel (31.)

Aufstellung:
Vasilj – Dzwigala, Wahl, Mets – Saliakas (88. La. Ritzka), Irvine, Hartel (88. Boukhalfa), Treu – Metcalfe (68. Saad), J. Eggestein (79. Zoller), Afolayan (80. Amenyido)

➡ Erstmals gastiert der FC St. Pauli in einem Ligaspiel an der Kaiserlinde in Elversberg, an den bisher einzigen Auftritt im DFB-Pokal in Corona-Zeiten hat man keine guten Erinnerungen. An diesem Abend aber gelingt alles mit Leichtigkeit, von Ermüdung keine Spur. Hauke Wahl blockiert einen Laufweg erfolgreich für Eggestein, der im fünften Ligaspiel in Serie trifft. Hartel schießt zudem sehenswert in den Winkel. Drei braun-weiße Aluminiumtreffer sind somit verkraftbar.

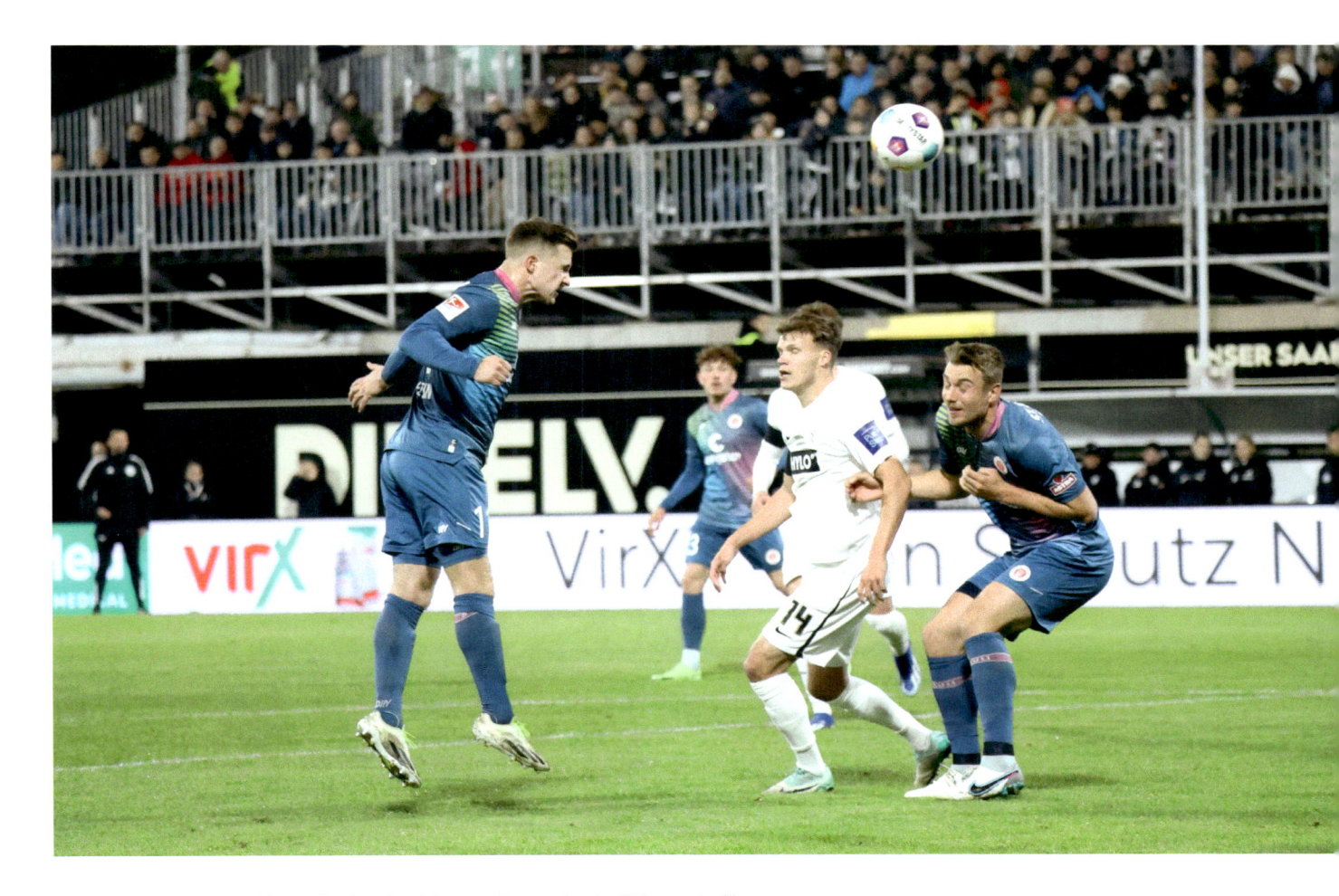

Der Block von Hauke Wahl schafft Platz für Johannes Eggestein: der Führungstreffer.

Die provisorische Gästekurve an der Kaiserlinde. Auch hier ist klar: St. Pauli ist die einzige Möglichkeit.

>»ICH BIN EINFACH UNFASSBAR STOLZ AUF DAS TEAM, ES WAR EINE HARTE WOCHE FÜR UNS, ABER JEDER HAT ALLES REINGEWORFEN, JEDER IST BEI UNS WICHTIG.«

Jackson Irvine

Tabelle

PL.	TEAM	SP.	DIFF.	PKT.
1	**FC St. Pauli**	12	15	26
2	Hamburger SV	12	11	24
3	Hannover 96	12	11	21
4	Fortuna Düsseldorf	12	10	21
5	Holstein Kiel	12	0	20
6	SpVgg Greuther Fürth	12	3	18
7	1. FC Kaiserslautern	12	1	18
8	SV Wehen Wiesbaden	12	1	18
9	SC Paderborn 07	12	0	18
10	SV Elversberg	12	-1	18
11	1. FC Nürnberg	12	-2	18
12	Hertha BSC	12	2	16
13	1. FC Magdeburg	12	-1	13
14	Hansa Rostock	12	-6	13
15	FC Schalke 04	12	-7	13
16	Karlsruher SC	12	-4	12
17	VfL Osnabrück	12	-16	7
18	Eintracht Braunschweig	12	-17	5

Blick in die Kabine vor Anpfiff.

KEINE TORE – ABER DISKUSSIONEN UM POLIZEIEINSATZ

13:2 Torschüsse und 7:1 Ecken, nur Tore fallen am Millerntor an diesem Abend keine. Geredet wird nach dem Spiel aber über den Polizeieinsatz im Gästeblock.

13. Spieltag

10. November 2023

FC St. Pauli vs. Hannover 96

0:0 (0:0)

Tore: keine

Freitagabend, Flutlicht, Millerntor. Jackson Irvine fehlt gelbgesperrt, doch daran liegt es wohl nicht, dass außer einem Abseitstor von Elias Saad nichts Zählbares herausspringt. Den ersten Torschuss der Gäste gibt es in der 78. Minute, direkt im Anschluss wird das Spiel aber für fünf Minuten unterbrochen. Die Polizei führt einen Einsatz im Gästeblock durch, der viele Verletzte und Diskussionen zur Folge hat.

Festes Ritual am Millerntor: Papierschlangen vorm Spielbeginn.

Aufstellung:
Vasilj – Wahl, Smith, Mets – Saliakas, Metcalfe, Hartel, Treu – Afolayan (75. Sinani), J. Eggestein (90.+1 Amenyido), Saad

Tabelle

PL.	TEAM	SP.	DIFF.	PKT.
1	**FC St. Pauli**	13	15	27
2	Hamburger SV	13	9	24
3	Holstein Kiel	13	2	23
4	Hannover 96	13	11	22
5	Fortuna Düsseldorf	13	9	21
6	SpVgg Greuther Fürth	13	4	21
7	SV Wehen Wiesbaden	13	2	21
8	1. FC Nürnberg	13	0	21
9	SV Elversberg	13	0	21
10	1. FC Kaiserslautern	13	0	18
11	SC Paderborn 07	13	-2	18
12	Hertha BSC	13	2	17
13	Hansa Rostock	13	-5	16
14	1. FC Magdeburg	13	-2	13
15	Karlsruher SC	13	-4	13
16	FC Schalke 04	13	-8	13
17	Eintracht Braunschweig	13	-16	8
18	VfL Osnabrück	13	-17	7

14

Elias Saad im Duell. Am Ende läuft's den Ticken besser für die Gäste.

ACHT MINUTEN KOMPLETTE EKSTASE AN DER OSTSEE

Zwei Tage nach der Mitgliederversammlung reist der FCSP zum brisanten Duell nach Rostock. Die Heimfans versuchen zu provozieren, die Gästefans aber dürfen jubeln.

14. Spieltag

25. November 2023

Hansa Rostock vs. FC St. Pauli

2:3 (1:3)

Tore: 1:0 Junior Brumado (9., Elfmeter), 1:1 Saliakas (15.), 1:2 Hartel (19.), 1:3 Afolayan (23.), 2:3 Junior Brumado (80., Elfmeter)

Aufstellung:
Vasilj – Wahl, Smith, Mets – Saliakas (90.+1 La. Ritzka), Irvine, Hartel, Treu – Afolayan (73. Metcalfe), J. Eggestein, Saad (85. Amenyido)

Die Heimkurve feiert einen Fanclub mit einer Lichtenhagen-Choreo inklusive Sonnenblumenhaus. Doch statt sich darüber aufzuregen, sollte vielmehr der Gästeblock gefeiert werden, in dem der AK Awareness den Internationalen Gedenktag gegen Gewalt an FLINTA* würdigt. Gefeiert werden dann auch das Traumtor von Manolis Saliakas mit dem Außenrist in den Winkel sowie die weiteren Treffer von Hartel und Afolayan, die die drei Punkte sichern.

Die Gastgeber drehen sich frustriert ab, St. Pauli jubelt.

Auswärtssiege sind immer schön. In Rostock feiert man sie aber besonders.

> »HEUTE WAR SO EIN SPIEL, DAS DU DANN EINFACH IRGENDWIE GEWINNEN MUSST. WIR SIND WIRKLICH SEHR GLÜCKLICH ÜBER DIE DREI PUNKTE HIER!«
>
> Eric Smith

Philipp Treu und Manolis Saliakas mit bester Laune.

Tabelle

PL.	TEAM	SP.	DIFF.	PKT.
1	FC St. Pauli	14	16	30
2	Hamburger SV	14	10	27
3	Holstein Kiel	14	5	26
4	Fortuna Düsseldorf	14	11	24
5	SpVgg Greuther Fürth	14	6	24
6	SV Elversberg	14	3	24
7	Hannover 96	14	11	23
8	SV Wehen Wiesbaden	14	0	21
9	1. FC Nürnberg	14	-3	21
10	Hertha BSC	14	2	18
11	1. FC Kaiserslautern	14	-3	18
12	SC Paderborn 07	14	-5	18
13	1. FC Magdeburg	14	0	16
14	Karlsruher SC	14	-1	16
15	Hansa Rostock	14	-6	16
16	FC Schalke 04	14	-10	13
17	Eintracht Braunschweig	14	-17	8
18	VfL Osnabrück	14	-19	7

Da klatscht es Beifall: Das Team feiert nach Abpfiff vor dem Gästeblock.

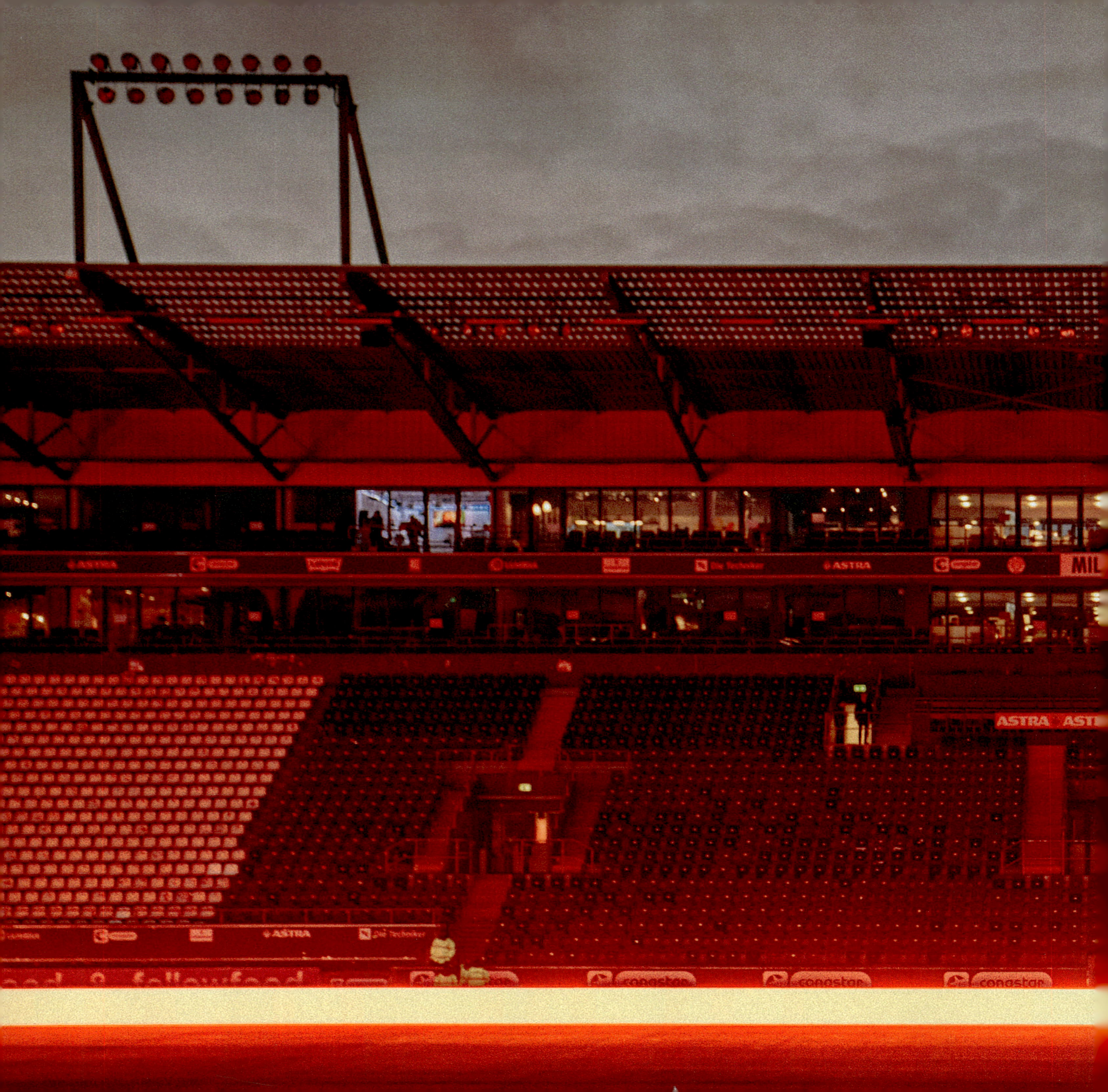
ASTRA
congstar
congstar
congstar

DERBY

15

Teambesprechung nach Abpfiff mit ernsten Mienen.

FLUTLICHT, DERBY, HALBZEIT-FÜHRUNG – ABER NUR EIN PUNKT

Der FC St. Pauli begrüßt beim Hamburger Stadtderby als Tabellenführer den auf Rang zwei liegenden Nachbarn. Ein Spitzenspiel.

15. Spieltag

01. Dezember 2023

FC St. Pauli vs. Hamburger SV

2:2 (2:0)

Tore: 1:0 Irvine (15.), 2:0 Heuer Fernandes (27., Eigentor), 2:1 Glatzel (58.), 2:2 Pherai (60.)

Aufstellung:
Vasilj – Wahl, Smith, Mets – Saliakas (67. La. Ritzka), Irvine, Hartel, Treu – Metcalfe (86. Maurides), J. Eggestein (80. Afolayan), Saad (67. Amenyido)

Die Konstellation bietet schon im Vorfeld alles, um heiß auf dieses Spiel zu sein. Die Choreo auf der Süd tut ihr Übriges: Aus Löchern für die Bullaugen eines Schiffes wird Pyrotechnik gezündet. Jackson Irvine trifft zur Führung, Daniel Heuer Fernandes sorgt mit einem besonderen Eigentor für die 2:0-Halbzeitführung. Der aufgrund des Schneefalls genutzte orange Ball schlägt aber in der 2. Hälfte zwei Mal im Netz der Kiezkicker ein – die Punkte werden geteilt.

Pyrotechnik auf der Süd.

ZUFRIEDEN MIT DER LEISTUNG, ENTTÄUSCHT ÜBER DAS ERGEBNIS

Ein Brasilianer im Schnee: Maurides im Ballbesitz vor der Gegengeraden.

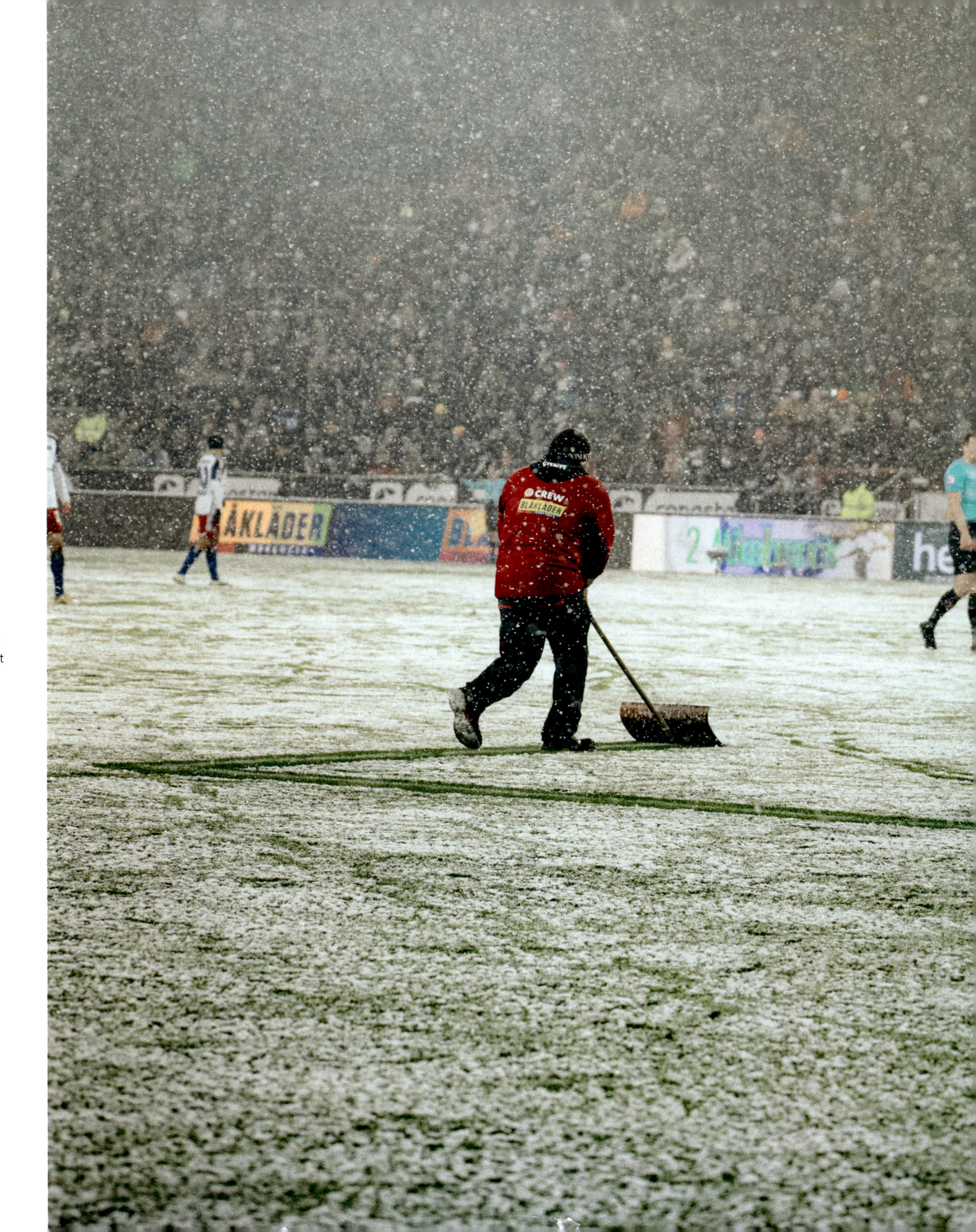

In der 2. Halbzeit müssen sogar die Linien freigeräumt werden.

15. SPIELTAG

Manolis Saliakas schirmt den Ball ab.

»FÜR SOLCHE SPIELE IST MAN FUSSBALLER GEWORDEN. ES KAM EINE EXTREM GUTE ENERGIE VON UNSEREN FANS.«

Hauke Wahl

Jackson Irvine feiert seinen Führungstreffer vor der Süd.

Tabelle

PL.	TEAM	SP.	DIFF.	PKT.
1	**FC St. Pauli**	15	16	31
2	Holstein Kiel	15	6	29
3	Hamburger SV	15	10	28
4	Fortuna Düsseldorf	15	16	27
5	SpVgg Greuther Fürth	15	7	27
6	SV Elversberg	15	-1	24
7	Hannover 96	15	10	23
8	Hertha BSC	15	6	21
9	SV Wehen Wiesbaden	15	-1	21
10	SC Paderborn 07	15	-4	21
11	1. FC Nürnberg	15	-8	21
12	1. FC Magdeburg	15	3	19
13	1. FC Kaiserslautern	15	-6	18
14	Karlsruher SC	15	-1	17
15	Hansa Rostock	15	-6	17
16	FC Schalke 04	15	-6	16
17	Eintracht Braunschweig	15	-18	8
18	VfL Osnabrück	15	-23	7

Maurides ist nicht komplett zufrieden.

Einen Punkt geholt, zwei liegen gelassen. Zurückhaltende Freude nach Abpfiff.

15. SPIELTAG

16

Voller Gästeblock an der Bremer Brücke.

BEIM TABELLENLETZTEN VOM GEGNER BEEINDRUCKT

Nach dem Pokalerfolg in Homburg reist der FCSP nach Osnabrück, muss dort nach früher Führung aber am Ende mit einem Punkt zufrieden sein.

16. Spieltag

09. Dezember 2023

VfL Osnabrück vs. FC St. Pauli

1:1 (0:1)

Tore: 0:1 Irvine (6.), 1:1 Makridis (82.)

Aufstellung:
Vasilj – Wahl, Smith, Mets – Saliakas (81. La. Ritzka), Irvine, Hartel, Treu – Afolayan (68. Metcalfe), J. Eggestein (68. Amenyido), Saad (76. Maurides)

Der FC St. Pauli fährt bei norddeutschem Winterwetter an die Bremer Brücke. Schon nach fünf Minuten trifft Jackson Irvine per Kopf nach Ecke zur Führung, die in der ersten Hälfte aufgrund der vielen Chancen hätte ausgebaut werden müssen. Doch Osnabrücks Keeper Kühn verhindert dies mehrfach. In der zweiten Halbzeit kämpfen sich die Osnabrücker unter dem neuen Trainer Uwe Koschinat zurück ins Spiel und erzielen am Ende nicht unverdient noch den Ausgleich.

Jackson »Airvine« mit dem Kopf zur Führung.

Wie so oft an diesem Abend: Endstation Philipp Kühn.

»DAS IST EINE MANNSCHAFT, DIE SEHR VIELE ANTWORTEN AUF DEM PLATZ HAT.«

Uwe Koschinat, Trainer VfL Osnabrück,
über den FC St Pauli

Schwieriges Spiel auf tiefem Geläuf: Oladapo Afolayan auf der Suche nach Ballkontrolle.

Tabelle

PL.	TEAM	SP.	DIFF.	PKT.
1	**FC St. Pauli**	16	16	32
2	Holstein Kiel	16	7	32
3	Hamburger SV	16	9	28
4	SpVgg Greuther Fürth	16	7	28
5	Fortuna Düsseldorf	16	15	27
6	Hannover 96	16	10	24
7	Hertha BSC	16	7	24
8	SV Elversberg	16	-2	24
9	SC Paderborn 07	16	-3	24
10	1. FC Nürnberg	16	-7	24
11	SV Wehen Wiesbaden	16	-3	21
12	1. FC Magdeburg	16	3	20
13	FC Schalke 04	16	-4	19
14	Karlsruher SC	16	-1	18
15	1. FC Kaiserslautern	16	-7	18
16	Hansa Rostock	16	-8	17
17	Eintracht Braunschweig	16	-16	11
18	VfL Osnabrück	16	-23	8

Peter Nemeth im freudigen Austausch mit TV-Experte Ansgar Brinkmann.

17

Konfetti-Inferno auf der Süd.

ENTTÄUSCHT IN DIE WINTERPAUSE

Gegen den SV Wehen Wiesbaden kommt der FC St. Pauli im Sondertrikot nicht über ein Unentschieden hinaus und geht mit drei Remis in Serie als Zweiter in die Winterpause.

17. Spieltag

17. Dezember 2023

FC St. Pauli vs. Wehen Wiesbaden

1:1 (0:0)

Tore: 1:0 Hartel (47.), 1:1 Iredale (84.)

Aufstellung:
Vasilj – Wahl, Smith, Mets – Saliakas (90.+1 Boukhalfa), Irvine, Hartel, Treu – Afolayan (85. Metcalfe), J. Eggestein (76. Maurides), Saad

➡ In den ersten zwölf Minuten herrscht Stille am Millerntor, am Ende Ernüchterung. Grund für die Stille ist der Stimmungsboykott gegen einen geplanten Deal der DFL. Grund für die Ernüchterung ist die erneut mangelhafte Chancenverwertung, die das Team von Ex-Trainer Markus Kauczinski im Spiel hält und die in der 84. mit dem Ausgleich bestraft wird. So geht der FCSP zwar ungeschlagen in die Winterpause, aufgrund der drei Unentschieden am Ende aber auch »nur« auf Rang 2.

Ehrung vor Anpfiff: Julian Kulawiak (FCSP, links) und Andreas Hammer (HFV, rechts) ehren Gregor Backes, Sandra Schwedler und Yvonne Petrich (Moorburger TSV) für ihre ehrenamtlichen Tätigkeiten.

Ein leerer Blick und nur ein Punkt: Connor Metcalfe.

»WIR HABEN EIN RICHTIG GUTES SPIEL GEMACHT, DEN BALL GUT LAUFEN LASSEN UND UNS VIELE TORCHANCEN HERAUSGESPIELT. WIR HÄTTEN DIE BÄLLE NUR REINMACHEN MÜSSEN.«

Elias Saad

Die Proteste gegen den von der DFL geplanten Anteilsverkauf dauern an.

Tabelle

PL.	TEAM	SP.	DIFF.	PKT.
1	Holstein Kiel	17	10	35
2	**FC St. Pauli**	**17**	**16**	**33**
3	Hamburger SV	17	11	31
4	Fortuna Düsseldorf	17	16	30
5	SpVgg Greuther Fürth	17	7	29
6	SC Paderborn 07	17	0	27
7	Hertha BSC	17	7	25
8	Hannover 96	17	7	24
9	SV Elversberg	17	-3	24
10	1. FC Nürnberg	17	-9	24
11	SV Wehen Wiesbaden	17	-3	22
12	Karlsruher SC	17	0	21
13	1. FC Magdeburg	17	2	20
14	FC Schalke 04	17	-4	20
15	1. FC Kaiserslautern	17	-8	18
16	Hansa Rostock	17	-11	17
17	Eintracht Braunschweig	17	-15	14
18	VfL Osnabrück	17	-23	9

Die Faust erhoben, immer weiter: Mut machen nach Abpfiff.

17. SPIELTAG

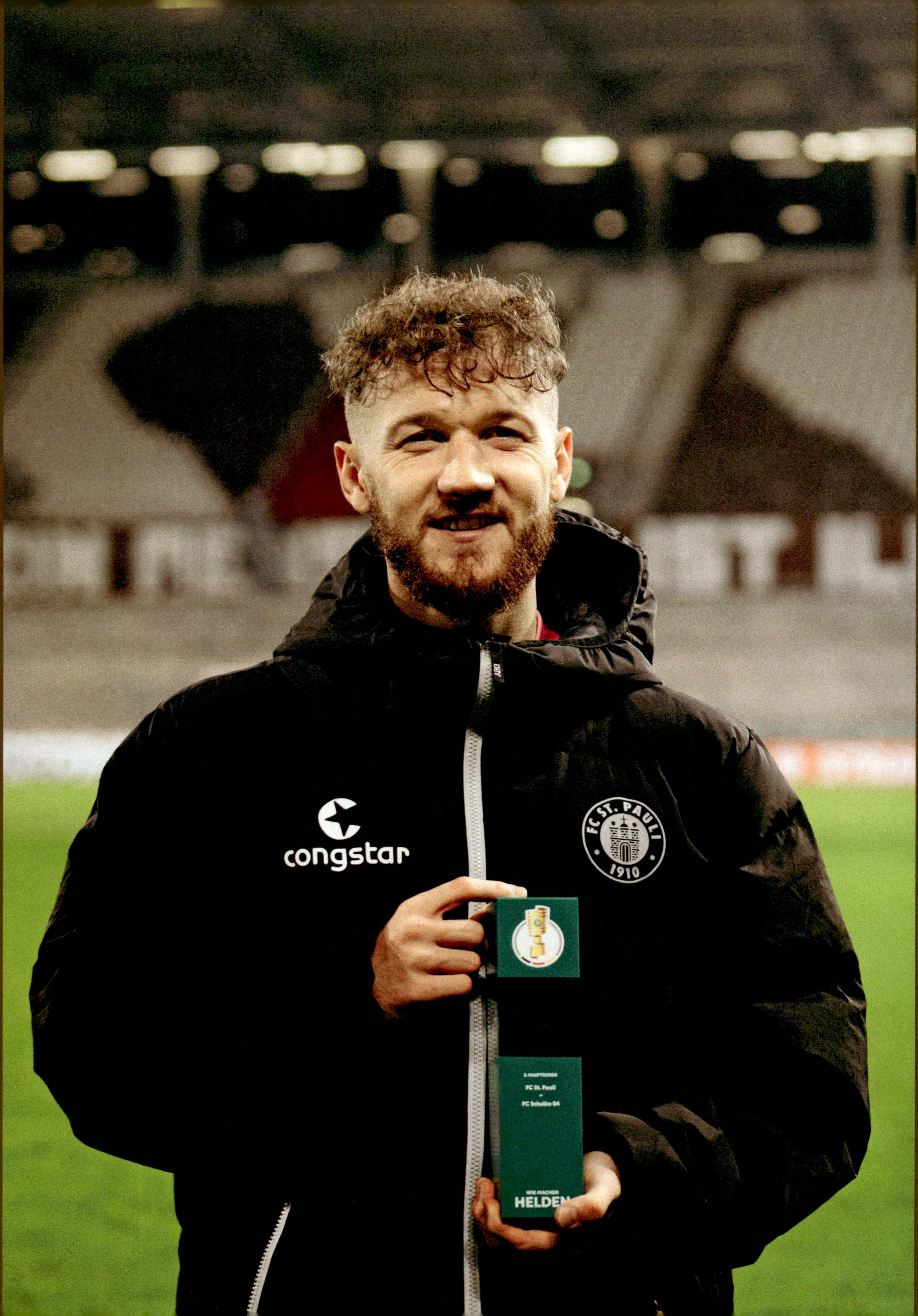
congstar
FC ST. PAULI
1910
HELDEN

DFB-POKAL

Der FC St. Pauli hat auch eine sehr gute Pokalrunde gespielt und kam bis ins Viertelfinale. Marcel Hartel wird gegen den FC Schalke 04 als »Man of the match« geehrt.

Der Charme der ersten Pokalrunde: eine einfache Umkleide und Erinnerungsfotos mit dem Anhang.

SOUVERÄNER AUFTAKT BEIM OBERLIGISTEN

Ohne sich sichtlich verausgaben zu müssen, marschiert der FC St. Pauli beim niedersächsischen Oberligisten Atlas Delmenhorst in die 2. Runde des DFB-Pokals.

DFB-Pokal 1. Runde

12. August 2023

Atlas Delmenhorst vs. FC St. Pauli

0:5 (0:1)

Tore: 0:1 Smith (24.), 0:2 Schobert (59., Eigentor), 0:3 Saad (68.), 0:4 Hartel (71., Elfmeter), 0:5 Afolayan (88.)

Aufstellung:
Burchert – Wahl, Smith (72. Nemeth), Mets (63. Dzwigala) – Saliakas, Irvine (72. Metcalfe), Hartel, Treu – Sinani (64. Afolayan), Albers (72. J. Eggestein), Saad

Im Vorfeld der Partie hatte die Fanszene der Gastgeber für Gesprächsstoff gesorgt, die enge Verbindungen in rechte Kreise hat. Dies wurde auch auf einem Banner des Gästeblocks thematisiert, was wiederrum der Gastgeber nicht gut fand. Am Ende gelingt ein entspannter Auswärtssieg, bei dem die knappe Pausenführung über die tatsächliche Überlegenheit hinwegtäuschte.

Jackson Irvine jubelt erst auf dem Platz und später mit Megaphon vorm Gästeblock.

Eine bekannte Choreo auf der Süd führte zum zweiten Sieg gegen Schalke.

SPIELT DASSELBE SPIEL NOCHMAL

Auf den Rängen gibt es eine leicht abgewandelte Version der Choreo vom Ligaspiel gegen Schalke. Auf dem Rasen gestaltet es sich etwas enger, der FCSP gewinnt mit 2:1 n.V.

DFB-Pokal 2. Runde

31. Oktober 2023

FC St. Pauli vs. FC Schalke 04

2:1 n.V. (2:1, 1:1, 0:0)

Tore: 0:1 M. Kaminski (16.), 1:1 Hartel (57., Elfmeter), 2:1 J. Eggestein (102.)

➡ »Dankeschön, wir sind St. Pauli. Wenn Ihr Spielwünsche habt, ruft sie einfach.« Dieser etwas kryptische Schriftzug vor Anpfiff verweist auf die Cantina Band, ein popkultureller Hinweis auf die wiederverwendete Blockfahne. Dank Marcel Hartel und Johannes Eggestein gelingt dann auch die Wiederholung des Heimspielerfolgs, auch wenn man dafür 120 Minuten benötigt.

Aufstellung:
Burchert – Wahl, Smith (100. Dzwigala), Mets – Treu, Irvine, Hartel, La. Ritzka (46. Metcalfe) – Sinani (46. J. Eggestein), Zoller (79. Amenyido), Saad (90.+1 Saliakas)

In Pokaltrikots zum Sieg: Manolis Saliakas und Marcel Hartel

Hauke Wahl eröffnet den Torreigen.

KEIN STOLPERN TROTZ PLATZFEHLER

Beim Regionalligisten FC Homburg gibt sich der FC St. Pauli keine Blöße und zieht souverän ins Viertelfinale ein.

DFB-Pokal Achtelfinale

5. Dezember 2023

FC 08 Homburg vs. FC St. Pauli

1:4 (1:1)

Tore: 0:1 Wahl (24.), 1:1 Mendler (28.), 1:2 Saad (64.), 1:3 Hartel (69.), 1:4 J. Eggestein (73.)

Aufstellung:
Burchert – Wahl, Smith, Mets – Treu, Irvine (85. Boukhalfa), Hartel, La. Ritzka (46. Saliakas) – Metcalfe (60. Afolayan), J. Eggestein (80. Maurides), Amenyido (46. Saad)

Die letzten Duelle beider Teams hatte es 1995 gegeben, verbunden mit dem Erstliga-Aufstieg des FCSP und einer Niederlage in der ersten Pokalrunde. An diesem Abend im Waldstadion halten die Gastgeber zunächst gut mit und kommen durch einen Platzfehler zum Ausgleich. Mit zunehmender Spielzeit aber setzt sich die höhere Qualität in Braun-Weiß durch und St. Pauli kommt Berlin einen Schritt näher.

Gemeinsames Foto mit der Gästekurve nach dem Erfolg im Waldstadion.

Später wird Fabian Hürzeler über diesen Abend sagen: »Ich glaube, dass genau dieses Erlebnis uns auch noch mal stärker gemacht hat.«

HIMMELHOCHJAUCHZEND UND ZU TODE BETRÜBT

Der FC St. Pauli scheitert nach einem späten Ausgleichstreffer gegen Fortuna Düsseldorf doch noch im Elfmeterschießen und scheidet aus dem Pokal aus.

DFB-Pokal Viertelfinale

30. Januar 2024

FC St. Pauli vs. Fortuna Düsseldorf

3:4 i.E. (2:2, 1:2, 1:1, 0:1)

Tore: 0:1 Vermeij (38., Elfmeter), 1:1 Hartel (60., Elfmeter), 1:2 Ao Tanaka (99.), 2:2 Boukhalfa (120.+1)
Elfmeterschießen: 1:0 Smith, 1:1 Hoffmann, 2:1 Saad, Daferner – Elfmeter gehalten, 3:1 Sinani, 3:2 Engelhardt, Maurides – Elfmeter gehalten, 3:3 Ao Tanaka, Hartel – Elfmeter gehalten, 3:4 Tzolis

Aufstellung:
Burchert – Wahl, Smith, Mets – Treu, Kemlein (74. Boukhalfa), Hartel, La. Ritzka (46. Saliakas) – Afolayan (99. Sinani), J. Eggestein (74. Maurides), Amenyido (46. Saad)

➡ Drei Tage zuvor hatte es dieses Duell in der Liga gegeben, St. Pauli gewann das Spitzenspiel in Düsseldorf mit 2:1. Ein Elfmeter bringt den FCSP diesmal in Rückstand, Marcel Hartel gleicht auf die gleiche Weise aus. Die Führung der Fortunen in der Verlängerung konnte Carlo Boukhalfa in der Nachspielzeit der Verlängerung ausgleichen, gefühlt einer der lautesten Torjubel ever am Millerntor. Doch nach einem Krimi im Elfmeterschießen jubeln am Ende die Gäste.

End of the road: Aus im Viertelfinale.

112

2. BUNDESLIGA RÜCKRUNDE

18

Am 16. Januar 2024 verstirbt Kay Bernstein, Präsident von Hertha BSC, völlig überraschend. Es gibt über alle Vereinsgrenzen hinweg Trauer und Anteilnahme.

WINTERPAUSE VORBEI, ZURÜCK AN DER SPITZE

Eine Kieler Niederlage gegen Braunschweig am Vorabend bietet die Chance, die Tabellenführung zurückzuerobern – und der FC St. Pauli nutzt sie.

18. Spieltag

20. Januar 2024

FC St. Pauli vs. 1. FC Kaiserslautern

2:0 (1:0)

Tore: 1:0 Saad (34.), 2:0 Hartel (64.)

Aufstellung:
Vasilj – Wahl, Smith, Mets – Saliakas (90.+1 La. Ritzka), Kemlein (90.+3 Dzwigala), Hartel, Treu – Afolayan (84. Amenyido), J. Eggestein (84. Maurides), Saad (90. Boukhalfa)

Mit Aljoscha Kemlein hat der FC St. Pauli einen Leihspieler von Union Berlin verpflichtet, der direkt in der Startelf steht, weil Connor Metcalfe und Jackson Irvine noch beim Asian-Cup weilen. Der FCSP spielt überlegen, Saad und Hartel treffen. Abseits des Rasens versammelte sich an dem Freitag ganz Hamburg schon bei einer Demonstration gegen Rechts. Unter dem Motto »Hamburg steht auf« waren mehr als 100.000 Menschen unterwegs.

Auch die Ultras des FCSP verabschiedeten sich vom Berliner Präsidenten und ehemaligen Ultra.

Sticker, Wellen-
brecher und
Januarsonne in der
Meckerecke.

Elias Saad schießt das 1:0, Marcel Hartel bejubelt das 2:0 – und am Ende jubeln alle.

18. SPIELTAG

Das Millerntor – ein Stadion mit Haltung.

> »VIELLEICHT HATTEN WIR DAS GLÜCK, WAS UNS VOR DER WINTERPAUSE IN DER EINEN ODER ANDEREN SITUATION GEFEHLT HAT.«
>
> Nikola Vasilj

Zufriedene Gesichter: Elias Saad und Etienne Amenyido.

Tabelle

PL.	TEAM	SP.	DIFF.	PKT.
1	FC St. Pauli	18	18	36
2	Holstein Kiel	18	9	35
3	Hamburger SV	18	13	34
4	SpVgg Greuther Fürth	18	8	32
5	Fortuna Düsseldorf	18	16	31
6	SC Paderborn 07	18	-1	27
7	1. FC Nürnberg	18	-6	27
8	Hertha BSC	18	7	26
9	Hannover 96	18	7	25
10	SV Elversberg	18	-3	25
11	Karlsruher SC	18	1	24
12	1. FC Magdeburg	18	3	23
13	SV Wehen Wiesbaden	18	-4	22
14	FC Schalke 04	18	-6	20
15	1. FC Kaiserslautern	18	-10	18
16	Eintracht Braunschweig	18	-14	17
17	Hansa Rostock	18	-14	17
18	VfL Osnabrück	18	-24	9

Solidaritätsbekundung für das Molotow, wichtiger Bestandteil der Hamburger Clubszene.

19

Fabian Hürzeler versucht, die Erwartungen nicht zu groß werden zu lassen, aber auch in Düsseldorf holt man drei Punkte.

DOPPELPACK FORTUNA, DOPPELPACK HARTEL

Die Pokalauslosung hatte dem FCSP ein doppeltes Spiel gegen die Fortuna beschert. Am Samstagabend geht es in Düsseldorf zunächst um Punkte, Dienstag am Millerntor um den DFB-Pokal.

19. Spieltag

27. Januar 2024

Fortuna Düsseldorf vs. FC St. Pauli

1:2 (0:2)

Tore: 0:1 Hartel (16., Elfmeter), 0:2 Hartel (26.), 1:2 Tzolis (83.)

Aufstellung:
Vasilj – Wahl, Smith, Mets – Saliakas (89. La. Ritzka), Kemlein, Hartel, Treu – Afolayan (85. Boukhalfa), J. Eggestein, Saad (80. Amenyido)

Das Stadion ist im Rahmen von »Fortuna für alle« ausverschenkt, wahrscheinlich hätte man es für dieses Topspiel aber auch so füllen können. Fabian Hürzeler fehlt gelbgesperrt, doch unter Peter Nemeth lieferten die Kiezkicker eine souveräne Leistung ab: Hartel trifft per Handelfmeter und per Kopf in Hälfte eins. Unnötig spannend wird es, als es statt Strafstoß für Saliakas einen Konter gibt und Düsseldorf verkürzt. Doch es bleibt beim Auswärtssieg.

Schwenkfahnen im Gästeblock.

Auch in der Tabelle wieder hoch hinaus: Marcel Hartel beim Torjubel.

»ICH FREU MICH EINFACH, DASS WIR GEWONNEN HABEN, DIE DREI PUNKTE IN DÜSSELDORF WAREN NATÜRLICH BESONDERS WICHTIG FÜR UNS.«

Peter Nemeth

Auch auswärts die Welle machen: Das Team bejubelt die drei Punkte vor dem Gästeblock.

Tabelle

PL.	TEAM	SP.	DIFF.	PKT.
1	FC St. Pauli	19	19	39
2	SpVgg Greuther Fürth	19	9	35
3	Holstein Kiel	19	8	35
4	Hamburger SV	19	12	34
5	Fortuna Düsseldorf	19	15	31
6	Hannover 96	19	10	28
7	SC Paderborn 07	19	-1	28
8	Karlsruher SC	19	2	27
9	1. FC Nürnberg	19	-9	27
10	Hertha BSC	19	5	26
11	SV Wehen Wiesbaden	19	-2	25
12	SV Elversberg	19	-4	25
13	1. FC Magdeburg	19	2	23
14	1. FC Kaiserslautern	19	-7	21
15	FC Schalke 04	19	-9	20
16	Eintracht Braunschweig	19	-13	20
17	Hansa Rostock	19	-13	20
18	VfL Osnabrück	19	-24	10

Überglücklich: Manolis Saliakas.

Jubel vor der Süd: Oladapo Afolayan und Aljoscha Kemlein feiern das 2:0.

PUNKTE AUF DEM RASEN, ZEICHEN AUF DER STRASSE

Still und heimlich ist Fürth auf Rang zwei marschiert und will am Millerntor bis auf einen Punkt an den Spitzenreiter herankommen. Doch daraus wird nichts.

20. SPIELTAG

03. Februar 2024

FC St. Pauli vs. SpVgg Greuther Fürth

3:2 (2:1)

Tore: 1:0 Saad (30.), 2:0 Afolayan (33.), 2:1 Sieb (44.), 2:2 Asta (59.), 3:2 Saad (81.)

Mit 20 Punkten aus den letzten acht Spielen kommt das Kleeblatt nach Hamburg. Am Ende aber steht die erste Liga-Niederlage seit Ende Oktober für die Fürther und der FCSP setzt das nächste Ausrufezeichen. Die verdiente 2:0-Führung gibt man zwar her, doch nach sehenswerter Vorarbeit von Kemlein sorgt Saad für den 3:2-Siegtreffer. Nach dem Spiel beteiligen sich Verein und Fanszene an einer weiteren Demonstration gegen Rechts.

Aufstellung:
Vasilj – Wahl, Smith, Mets – Saliakas (87. La. Ritzka), Kemlein, Hartel, Treu – Afolayan (78. Boukhalfa), J. Eggestein (65. Amenyido), Saad (87. Dzwigala)

Jubel vor der Nord: Elias Saad nach dem 3:2.

DER SIEG GEGEN FÜRTH BEDEUTET SECHS PUNKTE VORSPRUNG AUF RANG 3

Jubel nach dem Spiel bei Manolis Saliakas, Aljoscha Kemlein, Johannes Eggestein, Carlo Boukhalfa, Adam Dźwigała und Elias Saad.

> »DAS WAR FÜR UNS IM TRAINERTEAM, FÜR UNS IM VEREIN, EIN AHA-ERLEBNIS – ES KANN FUNKTIONIEREN, ES KANN WAS BESONDERES IN DIESER SAISON ENTSTEHEN.«
>
> Fabian Hürzeler

Tabelle

PL.	TEAM	SP.	DIFF.	PKT.
1	FC St. Pauli	20	20	42
2	Hamburger SV	20	13	37
3	Holstein Kiel	20	8	36
4	SpVgg Greuther Fürth	20	8	35
5	Fortuna Düsseldorf	20	14	31
6	Hannover 96	20	11	31
7	SC Paderborn 07	20	0	31
8	Karlsruher SC	20	2	28
9	SV Elversberg	20	-3	28
10	1. FC Nürnberg	20	-9	28
11	Hertha BSC	20	4	26
12	SV Wehen Wiesbaden	20	-2	26
13	1. FC Magdeburg	20	2	24
14	FC Schalke 04	20	-8	23
15	1. FC Kaiserslautern	20	-8	21
16	Hansa Rostock	20	-14	20
17	Eintracht Braunschweig	20	-14	20
18	VfL Osnabrück	20	-24	11

Eingehüllt in drei Punkte: Eric Smith vor der Süd.

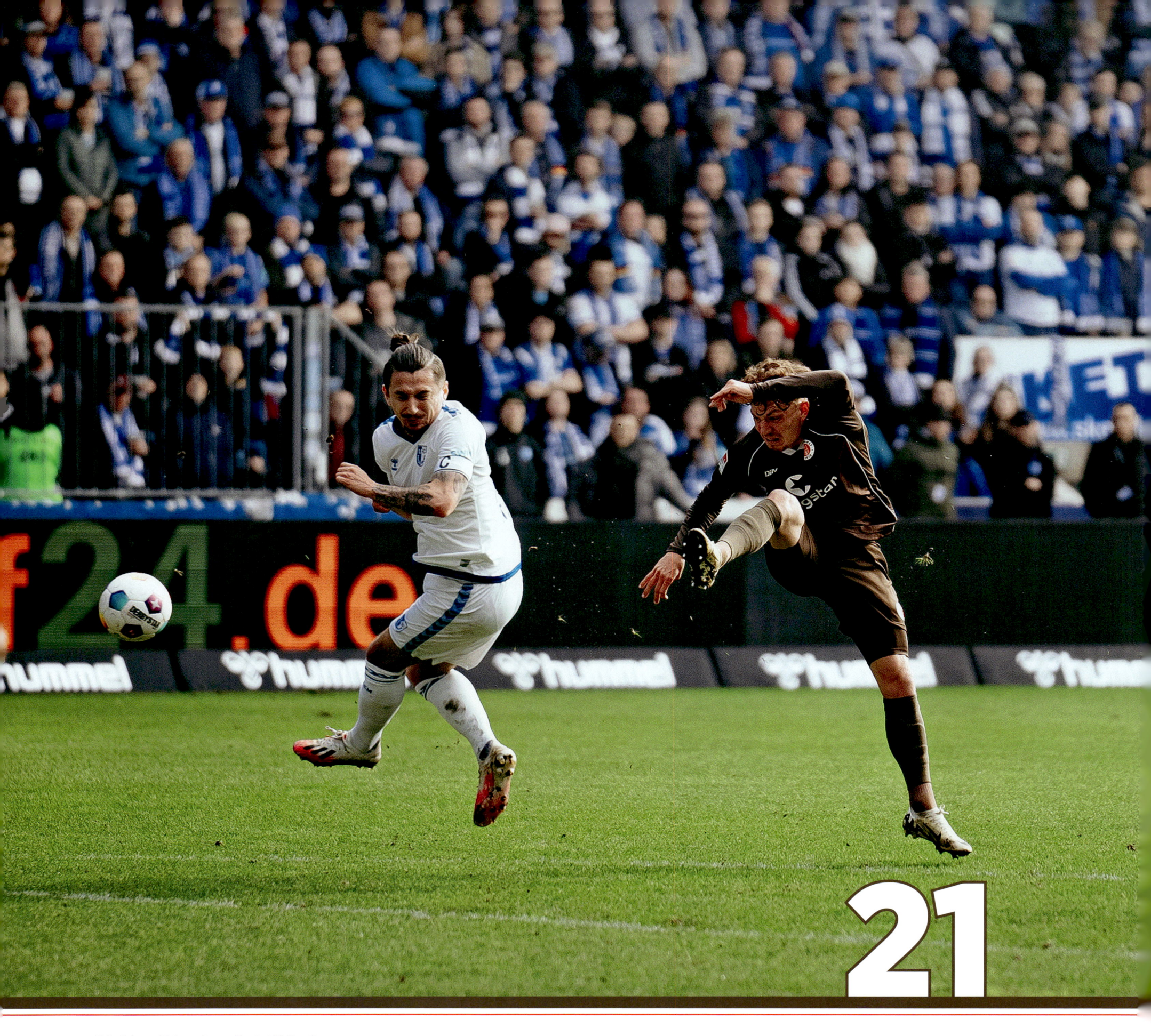

Kein Schussglück an diesem Tag bei Philipp Treu.

DAS ENDE EINER SERIE

Das Thema »Vertragsverlängerung Fabian Hürzeler« bestimmt die Schlagzeilen, bei einem entschlossenen FCM gibt es dazu die erste Saisonniederlage.

21. SPIELTAG

10. Februar 2024

1. FC Magdeburg vs. FC St. Pauli

1:0 (0:0)

Tore: 1:0 Atik (72.)

➡ Seit 25 Ligaspielen hatte der FCSP nicht mehr verloren. Doch die Magdeburger sind an diesem Tag giftiger und entschlossener, während sich der FC St. Pauli im Nachgang über den Rasen und die zu großzügige Linie des Schiedsrichters ärgert. Der ist allerdings schuldlos am Missverständnis zwischen Nikola Vasilj und Karol Mets, welches zum 0:1 von Baris Atik führt. Auf dem Rückweg gibt es am Bahnhof einen Polizeieinsatz, der Kritik der Fanhilfe nach sich zieht.

Aufstellung:
Vasilj – Wahl, Smith, Mets – Saliakas (82. Albers), Kemlein (66. Boukhalfa), Hartel, Treu (82. La. Ritzka) – Afolayan, J. Eggestein (82. Maurides), Saad (62. Metcalfe)

Auf der Suche nach dem Glück: Oladapo Afolayan im Zweikampf.

Tja nun. Zur Kenntnis nehmen der ersten Saisonniederlage.

Tabelle

PL.	TEAM	SP.	DIFF.	PKT.
1	**FC St. Pauli**	**21**	**19**	**42**
2	Holstein Kiel	21	9	39
3	Hamburger SV	21	12	37
4	SpVgg Greuther Fürth	21	7	35
5	Hannover 96	21	12	34
6	SC Paderborn 07	21	1	34
7	Fortuna Düsseldorf	21	14	32
8	Hertha BSC	21	5	29
9	SV Elversberg	21	-3	29
10	1. FC Nürnberg	21	-9	29
11	Karlsruher SC	21	0	28
12	1. FC Magdeburg	21	3	27
13	SV Wehen Wiesbaden	21	-2	27
14	FC Schalke 04	21	-9	21
15	Eintracht Braunschweig	21	-12	23
16	1. FC Kaiserslautern	21	-9	21
17	Hansa Rostock	21	-14	21
18	VfL Osnabrück	21	-24	12

21. SPIELTAG

22

Im Hintergrund zu erahnen: »FCK CVC«-Tapete als Statement zum geplanten DFL-Investoreneinstieg.

ETWAS GLÜCKLICH ZURÜCK IN DIE SPUR

Die Vorbereitung auf das Spiel findet aufgrund der heimischen Platzverhältnisse auf Mallorca statt. Zurück in Hamburg folgen harte Arbeit und drei Punkte.

22. SPIELTAG

18. Februar 2024

FC St. Pauli vs. Eintracht Braunschweig

1:0 (0:0)

Tore: 1:0 Afolayan (32.)

Die Eintracht ist nach einem schwierigen Saisonstart zuletzt im Aufwind, aus vier Spielen holte sie neun Punkte und ist zurück im Rennen um den Klassenerhalt. Connor Metcalfe und Jackson Irvine sind vom Asian-Cup zurück und Dapo Afolayan trägt sich erneut in die Torschützenliste ein: das Goldene Tor erzielt er per Abstauber. Zurück in die Kabine muss frühzeitig Elias Saad, der mit Gelb-Rot vom Platz geht. Zurück in der Erfolgsspur: der FC St. Pauli!

Aufstellung:
Vasilj – Wahl, Smith, Mets – Saliakas (83. La. Ritzka), Irvine, Hartel (90.+3 Boukhalfa), Treu – Afolayan (83. Kemlein), J. Eggestein (69. Metcalfe), Saad

Gedenken an die Opfer des rassistischen Anschlags von Hanau im Februar 2020.

Marcel Hartel und Torschütze Oladapo Afolayan bejubeln das 1:0.

»WIR HABEN IMMER GESAGT, WIR WOLLEN DEN WEG DORTHIN AUCH GENIESSEN UND NICHT NUR IMMER DARAN DENKEN, DASS WIR UNBEDINGT HOCH MÜSSEN.«

Johannes Eggestein

Kein Grund zum Niederknien: Der FC St. Pauli bringt den Sieg über die Ziellinie.

Tabelle

PL.	TEAM	SP.	DIFF.	PKT.
1	FC St. Pauli	22	20	45
2	Holstein Kiel	22	13	42
3	Hamburger SV	22	12	38
4	Hannover 96	22	13	37
5	SpVgg Greuther Fürth	22	6	35
6	SC Paderborn 07	22	-3	34
7	Fortuna Düsseldorf	22	14	33
8	Hertha BSC	22	6	32
9	SV Elversberg	22	-1	32
10	1. FC Nürnberg	22	-9	30
11	Karlsruher SC	22	0	29
12	1. FC Magdeburg	22	2	27
13	SV Wehen Wiesbaden	22	-3	27
14	FC Schalke 04	22	-8	26
15	Eintracht Braunschweig	22	-13	23
16	1. FC Kaiserslautern	22	-9	22
17	Hansa Rostock	22	-14	22
18	VfL Osnabrück	22	-26	12

Dank an die Fans für die Unterstützung.

23

So weit vom Gästeblock entfernt, wie in Kiel nur möglich: Torjubel an der Eckfahne.

WILDER SIEG IM SPITZENSPIEL

Die DFL hat den Prozess zum Investoreneinstieg beendet, die Fanproteste waren also erfolgreich. So wie auch der FC St. Pauli an der Kieler Förde.

23. SPIELTAG

23. Februar 2024

Holstein Kiel vs. FC St. Pauli

3:4 (0:3)

Tore: 0:1 Afolayan (11.), 0:2 Hartel (34.), 0:3 Afolayan (36.), 1:3 Machino (53.), 1:4 Metcalfe (57.), 2:4 Mees (65.), 3:4 Bernhardsson (82.)

➡ Zweiter gegen Ersten, Flutlicht. Was für ein Spitzenspiel. In der ersten Halbzeit spielt fast nur der FCSP und führt nach einer guten halben Stunde mit 3:0. Spektakulärste Szene ist aber ein Torlinientanz von Philipp Treu und Nikola Vasilj, die mit vereinten Kräften das 1:1 verhindern. Die zweite Hälfte wird wild, am Ende aber singt der Gästeblock jubelnd in Richtung Fabian Hürzeler: »Du musst doch nur unterschreiben!«

Aufstellung:
Vasilj – Wahl, Smith, Mets – Saliakas, Kemlein (85. Dzwigala), Irvine, Treu – Metcalfe (72. Boukhalfa), Hartel, Afolayan (77. La. Ritzka)

Hoffnungsfroher Gästeblock vor Anpfiff.

Oladapo Afolayan bejubelt seinen Treffer zum 1:0.

> »FÜR MICH WAR DAS WICHTIGSTE, ZU VERSUCHEN, RAUSZUGEHEN UND DEM TEAM ZU HELFEN.«
>
> Oladapo Afolayan

Sechs Punkte Vorsprung auf Platz 2: Freude vorm Gästeblock.

Tabelle

PL.	TEAM	SP.	DIFF.	PKT.
1	FC St. Pauli	23	21	48
2	Holstein Kiel	23	12	42
3	Hamburger SV	23	13	41
4	SpVgg Greuther Fürth	23	7	38
5	Hannover 96	23	12	37
6	SC Paderborn 07	23	-2	37
7	Fortuna Düsseldorf	23	16	36
8	Hertha BSC	23	6	33
9	Karlsruher SC	23	4	32
10	SV Elversberg	23	-2	32
11	1. FC Magdeburg	23	5	30
12	1. FC Nürnberg	23	-10	30
13	SV Wehen Wiesbaden	23	-4	27
14	FC Schalke 04	23	-11	26
15	Eintracht Braunschweig	23	-13	24
16	1. FC Kaiserslautern	23	-13	22
17	Hansa Rostock	23	-16	22
18	VfL Osnabrück	23	-25	15

Erleichterung nach Abpfiff bei den Fans und auf dem Rasen.

Einblick in die Kabine der Schalker Arena.

ST. PAULI VERLIERT, DIE ANDEREN SCHWÄCHELN

Für die Fans gestaltet sich die Anreise aufgrund eines ÖPNV-Streiks herausfordernd, für das Team ist die Hürde Schalke 04 an diesem Tag zu hoch.

24. SPIELTAG

1. März 2024

FC Schalke 04 vs. FC St. Pauli

3:1 (1:0)

Tore: 1:0 Kabadayi (44.), 2:0 Kabadayi (73.), 2:1 Saad (89.), 3:1 Karaman (90.+2)

Aufstellung:
Vasilj – Wahl (85. Albers), Smith (12. Dzwigala), Mets – Saliakas, Kemlein (46. J. Eggestein), Irvine, Treu – Metcalfe (62. Saad), Hartel, Afolayan

➡ 6000 Gästefans machten sich an diesem Freitag auf den Weg, das zweite Auswärtsspiel in Folge stand an. Nach den Heimsiegen gegen Schalke in Liga und Pokal in der Hinrunde passt nun auswärts leider nicht viel. Eric Smith muss früh verletzt raus, auch Oladapo Afolayan verletzt sich. Am Ende steht die zweite Saisonniederlage. Der Vorsprung auf Rang 3 beträgt aber weiter sieben Punkte, kein Team der Top 8 konnte an diesem Wochenende gewinnen.

Jackson Irvine führt das Team aufs Feld und hofft noch auf den dritten Saisonsieg gegen Schalke.

Elias Saad im 2-gegen-1-Duell. Er trifft heute – ändert aber nichts am Sieg der Schalker.

> »ES WAR ALLES IN ALLEM EIN GEBRAUCHTER TAG. SIE WAREN UNS IN JEDEM BEREICH ÜBERLEGEN.«
>
> Marcel Hartel

Die bessere Haltungsnote erhält Marcel Hartel, am Ende aber jubeln die Gegner.

Tabelle

PL.	TEAM	SP.	DIFF.	PKT.
1	FC St. Pauli	24	19	48
2	Holstein Kiel	24	12	43
3	Hamburger SV	24	12	41
4	Hannover 96	24	12	38
5	SpVgg Greuther Fürth	24	3	38
6	SC Paderborn 07	24	-2	38
7	Fortuna Düsseldorf	24	16	37
8	Karlsruher SC	24	8	35
9	Hertha BSC	24	6	34
10	1. FC Nürnberg	24	-9	33
11	SV Elversberg	24	-5	32
12	1. FC Magdeburg	24	5	31
13	SV Wehen Wiesbaden	24	-1	30
14	FC Schalke 04	24	-9	29
15	1. FC Kaiserslautern	24	-10	25
16	Eintracht Braunschweig	24	-14	24
17	Hansa Rostock	24	-19	22
18	VfL Osnabrück	24	-24	18

Aller Enttäuschung zum Trotz: Am Support hat's nicht gelegen.

25

Sticker lügen nicht.

HÜRZELER VERLÄNGERT, DAS TEAM GEWINNT

Die lange herbeigesehnte Vertragsverlängerung mit Cheftrainer Fabian Hürzeler sollte den medialen Fokus auf den Saisonendspurt legen. Dies gelingt mit einem Sieg gegen Hertha.

25. SPIELTAG

10. März 2024

FC St. Pauli vs. Hertha BSC

2:0 (2:0)

Tore: 1:0 Saliakas (16.), 2:0 Hartel (44.)

Aufstellung:
Vasilj – Dzwigala, Wahl, Mets (80. Kemlein) – Saliakas (77. La. Ritzka), Irvine, Hartel, Treu – Metcalfe (89. Scheller), J. Eggestein, Saad (89. Boukhalfa)

➡ Als Nachklapp zum Feministischen Kampftag gibt es eine große »Ultra has no gender«-Choreo auf der Süd und viele Banner zum Thema im gesamten Stadion. Auf dem Rasen ist die zuletzt vermisste Leichtigkeit zurück, auch ohne Smith und Afolayan spielt der FCSP wieder den dominanten Fußball der Hinrunde. Ein abgefälschter Gewaltschuss von Saliakas sorgt für die Führung, Hartel erhöht aus der Distanz. Der Vorsprung auf Platz 3 wächst auf zehn Punkte.

»Ultra has no Gender« – Choreo auf der Süd.

»Die Elbe, der Michel, der Kurs ist immer gut.« Hamburgs Wahrzeichen im Rücken der Gegengeraden.

»Welcome to the hell of St. Pauli« – ein auf Treppenstufen verewigter Fangesang.

Marcel Hartel mit dem »Dragon Ball«-Jubel.

Manolis Saliakas holt sich den berechtigten Applaus nach seinem Führungstor.

Sich leicht zierend kommt auch Fabian Hürzeler zum Jubel vor die Kurve.

Tabelle

PL.	TEAM	SP.	DIFF.	PKT.
1	**FC St. Pauli**	**25**	**21**	**51**
2	Holstein Kiel	25	13	46
3	Hamburger SV	25	10	41
4	Fortuna Düsseldorf	25	18	40
5	Hannover 96	25	12	39
6	SC Paderborn 07	25	-2	39
7	SpVgg Greuther Fürth	25	0	38
8	1. FC Nürnberg	25	-8	36
9	Karlsruher SC	25	7	35
10	SV Elversberg	25	-2	35
11	Hertha BSC	25	4	34
12	1. FC Magdeburg	25	4	31
13	SV Wehen Wiesbaden	25	-1	31
14	FC Schalke 04	25	-9	30
15	1. FC Kaiserslautern	25	-9	28
16	Hansa Rostock	25	-18	25
17	Eintracht Braunschweig	25	-15	24
18	VfL Osnabrück	25	-25	18

25. SPIELTAG

26

Gewohntes Bild: Lufthoheit für Kapitän Jackson Irvine.

»HIER IM FRANKENLAND, SPIELEN WIR EUCH AN DIE WAND«

Johannes Eggestein trifft erstmals seit November wieder, Marcel Hartel erhöht. Der 1. FC Nürnberg verneigt sich vor einem dominanten FC St. Pauli.

26. SPIELTAG

16. März 2024

1. FC Nürnberg vs. FC St. Pauli

0:2 (0:1)

Tore: 0:1 J. Eggestein (44.),
0:2 Hartel (62.)

Die DFL führt einen Aktionsspieltag »für Vielfalt, Respekt und gesellschaftlichen Zusammenhalt« durch, der FC St. Pauli marschiert weiter unaufhaltsam in Richtung erste Liga. Lars Ritzka ersetzt den gelbgesperrten Saliakas auch Eric Smith muss kurzfristig passen, doch der FCSP zeigt einen der souveränsten Auftritte der Saison. Eric da Silva Moreira feiert sein Profidebüt, das Team reist danach fröhlich in die Länderspielpause.

Aufstellung:
Vasilj – Dzwigala, Wahl, Mets – Treu (90. Boukhalfa), Irvine, Hartel, La. Ritzka (90.+2 da Silva Moreira) – Metcalfe, J. Eggestein (90.+2 Zoller), Saad (80. Kemlein)

Schalchoreo im Gästeblock.

Marcel Hartel erhöht zum 2:0 und holt sich das Lob der Kollegen ab.

»ES IST EIN INSGESAMT SOUVERÄNER AUS- WÄRTSSIEG, DER AUCH 3:0 ODER 4:0 HÄTTE AUSGEHEN KÖNNEN.«

Johannes Eggestein

Johannes Eggestein hat mit seinem Treffer zum 1:0 vorgelegt.

Tabelle

PL.	TEAM	SP.	DIFF.	PKT.
1	FC St. Pauli	26	23	54
2	Holstein Kiel	26	15	49
3	Hamburger SV	26	13	44
4	Fortuna Düsseldorf	26	22	43
5	Hannover 96	26	12	40
6	SC Paderborn 07	26	-3	39
7	Karlsruher SC	26	14	38
8	SpVgg Greuther Fürth	26	-1	38
9	Hertha BSC	26	7	37
10	1. FC Nürnberg	26	-10	36
11	SV Elversberg	26	-4	35
12	1. FC Magdeburg	26	-3	31
13	SV Wehen Wiesbaden	26	-4	31
14	FC Schalke 04	26	-12	30
15	1. FC Kaiserslautern	26	-9	29
16	Hansa Rostock	26	-17	28
17	Eintracht Braunschweig	26	-14	27
18	VfL Osnabrück	26	-29	18

Außer Rand und Band im Frankenland.

26. SPIELTAG

Drei Punkte im Osternest.

AUCH PADERBORN KANN DEN HYPETRAIN NICHT STOPPEN

Am Ostersonntag gelingt dem FC St. Pauli der 16. Sieg, insbesondere aufgrund einer sehr überlegenen ersten Halbzeit.

27. SPIELTAG

31. März 2024

FC St. Pauli vs. SC Paderborn 07

2:1 (1:0)

Tore: 1:0 Hartel (32.), 2:0 La. Ritzka (47.), 2:1 Grimaldi (56.)

Aufstellung:
Vasilj – Wahl, Smith, Mets – Saliakas, Irvine, Kemlein (90.+3 Scheller), La. Ritzka (83. Dzwigala) – Metcalfe (83. Amenyido), J. Eggestein (88. Albers), Hartel

➡ Aljoscha Kemlein jubelt über sein vermeintlich erstes Tor, doch die Schulter von Hartel war zuvor im Abseits. Hartel aber besorgt nach Traumpass von Irvine später die Führung, die Lars Ritzka kraftvoll aus der Distanz direkt nach der Pause erhöht. Nach dem Anschlusstreffer hätte es nochmal spannend werden können, doch Paderborns Torschütze Grimaldi nimmt sich selbst mit Gelb-Rot aus dem Spiel.

Temperaturtechnisch der Zeit voraus, inhaltlich korrekt.

Wimmelbild mit Knie-Bandage von Marcel Hartel.

> »ES MUSS NICHT IMMER DER HOCHGLANZ-FUSSBALL SEIN, AUCH WENN DAS ERSTE TOR WIRKLICH SCHÖN HERAUSGESPIELT WAR. WIR HABEN EINE ABGEKLÄRTE LEISTUNG GEZEIGT UND SIND AUCH NACH DEM ANSCHLUSSTREFFER RUHIG GEBLIEBEN.«
>
> Jackson Irvine

So ein schöner Jubel von Aljoscha Kemlein – leider verfrüht.

Tabelle

PL.	TEAM	SP.	DIFF.	PKT.
1	FC St. Pauli	27	24	57
2	Holstein Kiel	27	17	52
3	Fortuna Düsseldorf	27	24	46
4	Hamburger SV	27	13	45
5	Hannover 96	27	15	43
6	Karlsruher SC	27	14	39
7	SpVgg Greuther Fürth	27	-1	39
8	SC Paderborn 07	27	-4	39
9	Hertha BSC	27	7	38
10	1. FC Nürnberg	27	-10	37
11	SV Elversberg	27	-9	35
12	SV Wehen Wiesbaden	27	-5	31
13	1. FC Magdeburg	27	-6	31
14	FC Schalke 04	27	-12	31
15	Eintracht Braunschweig	27	-9	30
16	1. FC Kaiserslautern	27	-11	29
17	Hansa Rostock	27	-19	28
18	VfL Osnabrück	27	-28	21

Wiederum nicht verfrüht und dann auch berechtigt: der gemeinsame Torwartjubel von Sascha Burchert und Nikola Vasilj.

Eine von acht Ecken für den FC St. Pauli – diese führte zum Ausgleich.

WENN FUSSBALL ZUR NEBENSACHE WIRD

Ein Fan des FC St. Pauli erleidet bei der Anreise nach Karlsruhe einen medizinischen Notfall. Der Gästeblock verzichtet auf organisierten Support, auf dem Rasen siegt der KSC.

28. SPIELTAG

06. April 2024

Karlsruher SC vs. FC St. Pauli

2:1 (1:1)

Tore: 1:0 M. Franke (2.), 1:1 Irvine (37.), 2:1 Nebel (69.)

Aufstellung:
Vasilj – Dzwigala, Wahl, Mets – Saliakas, Irvine, Kemlein (71. Amenyido), La. Ritzka (84. Albers) – Hartel, J. Eggestein (90. Maurides), Saad (71. Afolayan)

Connor Metcalfe und Eric Smith fehlen gelbgesperrt und schon nach zwei Minuten fängt man nach einer Ecke den Rückstand. Saliakas verpasst den Ausgleich und trifft nur das Lattenkreuz, Irvine macht es per Kopf später besser. Nachdem man sich auskontern lässt, hätte es für ein Foul an Saliakas Elfmeter geben können – stattdessen läuft das Spiel weiter und Hauke Wahl sieht Gelb-Rot, obgleich er wohl den Ball spielte. Die Gedanken aller in Braun-Weiß aber waren heute bei »Kiste«.

Für Hauke Wahl nach eigener Auskunft »ein gebrauchter Tag«.

162

»ICH WEISS NOCH GENAU, DASS WIR DANACH IN DIE KURVE GEGANGEN SIND UND DIE KURVE HAT ›YOU'LL NEVER WALK ALONE‹ GESUNGEN. DAS HAT EINFACH GEZEIGT, DASS DER VEREIN EXTREM ENG ZUSAMMENSTEHT.«

Hauke Wahl

Tabelle

PL.	TEAM	SP.	DIFF.	PKT.
1	FC St. Pauli	28	23	57
2	Holstein Kiel	28	21	55
3	Fortuna Düsseldorf	28	26	49
4	Hamburger SV	28	14	48
5	Hannover 96	28	15	44
6	Karlsruher SC	28	15	42
7	Hertha BSC	28	8	41
8	SpVgg Greuther Fürth	28	-3	39
9	SC Paderborn 07	28	-5	39
10	1. FC Nürnberg	28	-14	37
11	SV Elversberg	28	-9	36
12	1. FC Magdeburg	28	-6	32
13	FC Schalke 04	28	-12	32
14	SV Wehen Wiesbaden	28	-7	31
15	Hansa Rostock	28	-17	31
16	Eintracht Braunschweig	28	-11	30
17	1. FC Kaiserslautern	28	-12	29
18	VfL Osnabrück	28	-26	24

Trauer-Choreo für den verstorbenen »Kiste«.

»KISTE FÜR IMMER – ULTRAS STERBEN NIE«

Verein und USP hatten bekanntgegeben, dass »Kiste« verstorben ist. Dies bestimmt auch die Atmosphäre auf den Rängen. Auf dem Rasen gab es die zweite Niederlage in Serie.

29. SPIELTAG

14. April 2024

FC St. Pauli vs. SV Elversberg

3:4 (1:0)

Tore: 1:0 J. Eggestein (40.), 1:1 Neubauer (52.), 2:1 Hartel (69.), 2:2 Boyamba (70.), 2:3 Wanner (81.), 2:4 Vandermersch (83.), 3:4 Irvine (90.+3)

Aufstellung:
Vasilj – Dzwigala, Smith, Mets – Saliakas (84. Maurides), Irvine, Hartel, Treu (9. La. Ritzka) – Metcalfe (72. Kemlein), J. Eggestein (84. Albers), Saad (72. Afolayan)

Zu der Abschiedschoreo für »Kiste« läuft der FC St. Pauli an diesem Tag in einem Aktionstrikot gegen Rassismus auf. Bereits nach fünf Minuten muss Philipp Treu mit einem Wadenbeinbruch runter, das Saisonaus für ihn. Der FCSP tut sich schwer, sowohl die Führung vor der Pause als auch das 2:1 nach 69 Minuten sind eher glücklich. In der Folge erzielt die SVE zwei Tore mit Hilfe des Innenpfostens und setzt noch einen Konter. Das 3:4 kommt zu spät.

Da sah es sportlich noch gut aus: Johannes Eggestein bejubelt sein Führungstor.

Marcel Hartel im Sondertrikot – noch guter Dinge.

»DAS WAR NICHT GUT GENUG UND DAS IST SEHR ÄRGERLICH. WIR HABEN ES NICHT VERDIENT, DAS SPIEL ZU GEWINNEN.«

Eric Smith

Eine von vielen Trauerbekundungen für »Kiste«.

Tabelle

PL.	TEAM	SP.	DIFF.	PKT.
1	Holstein Kiel	29	25	58
2	**FC St. Pauli**	**29**	**22**	**57**
3	Fortuna Düsseldorf	29	28	52
4	Hamburger SV	29	14	49
5	Hannover 96	29	15	45
6	Hertha BSC	29	12	44
7	Karlsruher SC	29	15	43
8	SpVgg Greuther Fürth	29	-2	42
9	SC Paderborn 07	29	-5	40
10	SV Elversberg	29	-8	39
11	1. FC Nürnberg	29	-16	37
12	FC Schalke 04	29	-10	35
13	1. FC Magdeburg	29	-6	33
14	SV Wehen Wiesbaden	29	-9	31
15	Eintracht Braunschweig	29	-11	31
16	Hansa Rostock	29	-21	31
17	1. FC Kaiserslautern	29	-13	29
18	VfL Osnabrück	29	-30	24

Auch Enttäuschung kann man besser gemeinsam verarbeiten.

Einschwören auf den Auswärtssieg.

»SO WICHTIG« WAREN DIE WORTE DES WOCHENENDES

»Es wäre so wichtig, wenn...« war der meistgewählte Satzbeginn vor dem Spiel. »So wichtig!« – war dann die Aussage nach Abpfiff. Der FC St. Pauli gewinnt in Hannover.

30. SPIELTAG

21. April 2024

Hannover 96 vs. FC St. Pauli

1:2 (1:1)

Tore: 0:1 Afolayan (41.), 1:1 Gindorf (45.), 1:2 J. Eggestein (65.)

Aufstellung:
Vasilj – Nemeth, Wahl, Mets – Saliakas, Irvine, Kemlein, Metcalfe – Afolayan (78. Dzwigala), J. Eggestein (90.+1 Amenyido), Hartel (90.+2 Saad)

Knapp 10.000 St. Pauli-Fans dürften sich auf den Weg in die Landeshauptstadt Niedersachsens gemacht haben und sehen zunächst einen eher fahrigen FCSP. Doch angetrieben von der eigenen Kurve arbeitet man sich ins Spiel.

Nach einer Flanke von Metcalfe besorgt Afolayan die Führung per Kopf. Der Ausgleich vor der Pause ist ärgerlich, doch danach ist St. Pauli wie verwandelt: Eggestein sorgt per Kopf für den Siegtreffer.

Große Erleichterung nach dem 2:1 durch Johannes Eggestein.

Große Freude auch im Staff: Zeugwart Thorge Düwer.

> »HANNOVER HAT ES GERADE IN DER ERSTEN HALBZEIT GUT GEMACHT, IM ZWEITEN DURCHGANG HABEN WIR DEN SCHLÜSSEL DAFÜR GEFUNDEN.«
>
> David Nemeth

Hier gewinnt nur einer – St. Pauli und sonst keiner!

Tabelle

PL.	TEAM	SP.	DIFF.	PKT.
1	Holstein Kiel	30	26	61
2	**FC St. Pauli**	**30**	**23**	**60**
3	Fortuna Düsseldorf	30	29	55
4	Hamburger SV	30	13	49
5	Karlsruher SC	30	16	46
6	Hannover 96	30	14	45
7	Hertha BSC	30	11	44
8	SC Paderborn 07	30	-3	43
9	SpVgg Greuther Fürth	30	-3	42
10	SV Elversberg	30	-8	40
11	1. FC Nürnberg	30	-18	37
12	1. FC Magdeburg	30	-4	36
13	FC Schalke 04	30	-10	36
14	Eintracht Braunschweig	30	-8	34
15	SV Wehen Wiesbaden	30	-9	32
16	Hansa Rostock	30	-23	31
17	1. FC Kaiserslautern	30	-13	30
18	VfL Osnabrück	30	-33	24

Auch Jackson Irvine und Manolis Saliakas waren sich der Tragweite dieses Sieges bewusst.

31

Wie es geschrieben steht.

KOGGE VERSENKT – AUFSTIEG IN SICHTWEITE

Die Klos im Gästeblock sind ein Thema vor dem Spiel. Nach dem Sieg ist sicher, dass der FC St. Pauli die Saison vor dem HSV und mindestens auf Rang 3 beenden wird.

31. SPIELTAG

26. April 2024

FC St. Pauli vs. Hansa Rostock

1:0 (0:0)

Tore: 1:0 Irvine (52.)

➡ Graue Zettel auf der Süd stellen eine langweilige Wand dar, über die eine Comicfigur nach und nach Braun-Weiß-Rote Farben malt und anschließend die Buchstaben FCSP erscheinen lässt. Der Rahmen stimmt also, auf dem Platz aber wehrt sich der abstiegsgefährdete FC Hansa nach Kräften. So braucht es taktische Umstellungen und am Ende die bewährte Kombination aus Eckball Hartel und Kopfball Irvine, um mit dem Sieg letzte Weichen für den Aufstieg zu stellen.

Aufstellung:
Vasilj – Nemeth, Wahl, Mets – Saliakas, Irvine, Kemlein, Metcalfe (85. Dzwigala) – Afolayan (88. Amenyido), J. Eggestein (90.+3 Boukhalfa), Hartel

Schiedsrichter Robert Hartmann greift den Spielball, im Hintergrund die Farbrollen-Choreo.

Verrauchte Impressionen
unter dem Stadiondach.

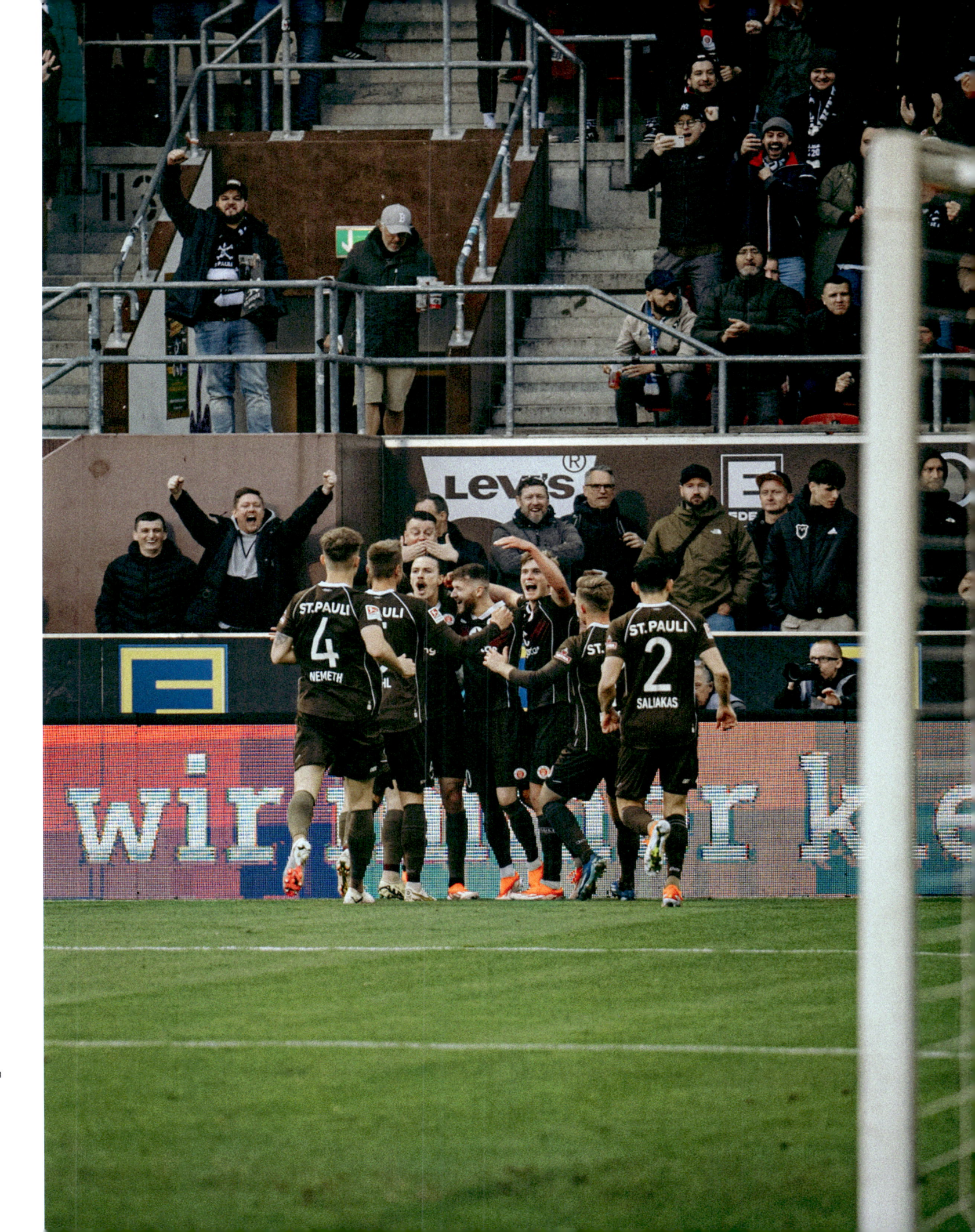

»O Captain! My captain!« Wer sonst als Jackson Irvine hätte das Tor zur 1. Liga so weit aufstoßen sollen.

Pyrojubel und drei Punkte – die erste Liga kommt immer näher.

>>DIE STIMMUNG HAT UNS IN DER ZWEITEN HÄLFTE IMMER WIEDER GETRAGEN. JEDER ZWEIKAMPF WURDE ABGEFEIERT, WAS HIER JA NORMAL IST. HEUTE WAR ES ABER NOCH MAL BESONDERS.<<

Hauke Wahl

Ausgelassener Jubel nach dem Abpfiff im Mannschaftskreis.

Tabelle

PL.	TEAM	SP.	DIFF.	PKT.
1	**FC St. Pauli**	31	24	63
2	Holstein Kiel	31	24	61
3	Fortuna Düsseldorf	31	29	56
4	Hamburger SV	31	17	52
5	Karlsruher SC	31	17	49
6	Hannover 96	31	14	46
7	SC Paderborn 07	31	-1	46
8	Hertha BSC	31	11	45
9	SpVgg Greuther Fürth	31	-1	45
10	SV Elversberg	31	-10	40
11	1. FC Magdeburg	31	-4	37
12	FC Schalke 04	31	-10	37
13	1. FC Nürnberg	31	-19	37
14	Eintracht Braunschweig	31	-12	34
15	1. FC Kaiserslautern	31	-11	33
16	SV Wehen Wiesbaden	31	-11	32
17	Hansa Rostock	31	-24	31
18	VfL Osnabrück	31	-33	25

»Einfach mal glücklich sein«: Marcel Hartel, Nikola Vasilj, Peter Nemeth und Athletiktrainer Karim Rashwan.

31. SPIELTAG

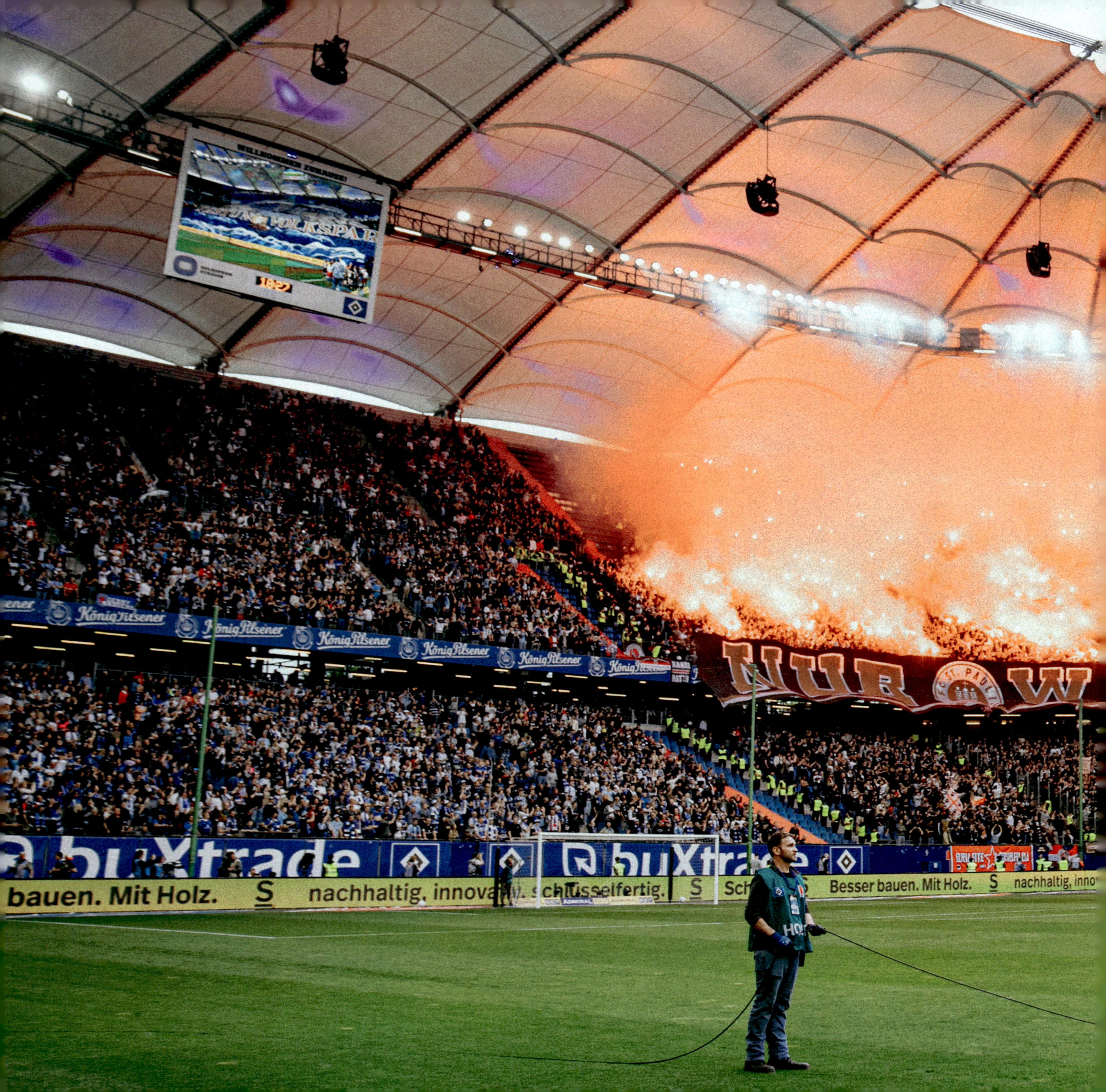
König Pilsener
bauen. Mit Holz.
Besser bauen. Mit Holz.
NUR

DERBY

Der gegnerische Keeper fischt den Ball vor Johannes Eggestein weg.

32

STADTMEISTERSCHAFT VERLOREN, AUFSTIEG VERTAGT

Im Fall eines Auswärtssieges würde der Erstliga-Aufstieg feststehen, nebenbei hätte man die Stadtmeisterschaft eingetütet. Doch Fußball ist kein Wunschkonzert.

32. SPIELTAG

03. Mai 2024

Hamburger SV vs. FC St. Pauli

1:0 (0:0)

Tore: 1:0 Glatzel (85.)

Aufstellung:
Vasilj – Nemeth, Wahl, Mets – Saliakas, Irvine, Kemlein (86. Saad), Metcalfe (86. La. Ritzka) – Afolayan (89. Albers), J. Eggestein (78. Amenyido), Hartel

Dass beide Teams schon beim Aufwärmen aneinandergeraten, ist Teil des Matchplans von Steffen Baumgart. Dieser geht auch deutlich besser auf als der des FCSP: Ein Tor von Robert Glatzel wurde nach Foul an Saliakas aberkannt – Glück für Braun-Weiß. Dieses hielt bis kurz vor Schluss, als Vasilj sich bei einer Ecke verschätzt und Glatzel trifft. Den gebrauchten Tag im Volkspark rundet Gelb-Rot für Saliakas ab, auch wenn Vasilj noch einen Strafstoß hält.

Oladapo Afolayan im Duell – letztlich erfolglos.

EIN GEBRAUCHTER TAG FÜR DEN FC ST. PAULI

Die Sonne weist den Weg für Oladapo Afolayan – mit dem Tor wird es heute aber trotzdem nichts.

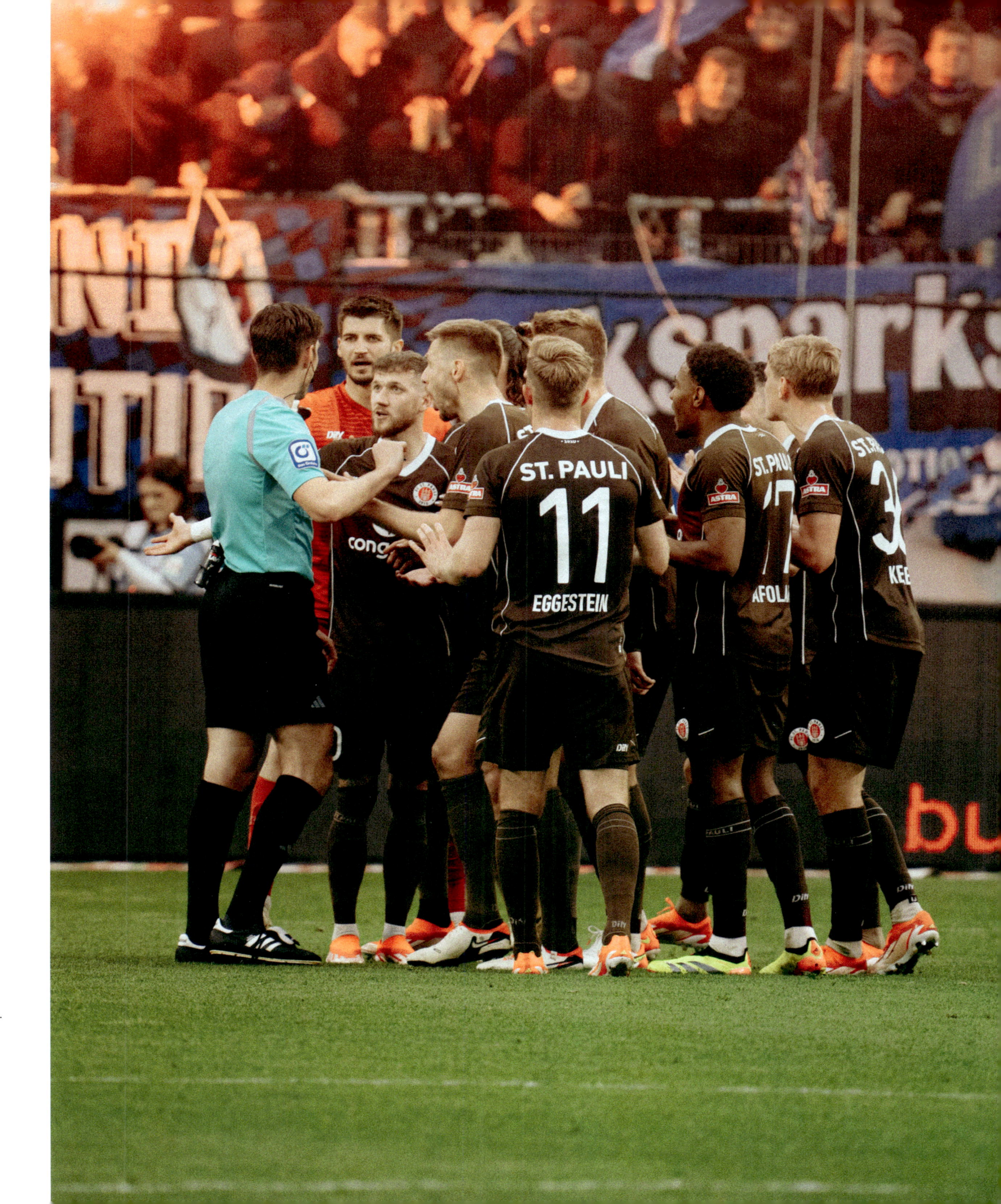

Aufgebracht und im Recht: Schiedsrichter Matthias Jöllenbeck nimmt das Tor des HSV in der 62. Minute zurück.

32. SPIELTAG

Gästeblock und Pyrotechnik im Volkspark.

»WIR HÖREN DIE HEIM-
MANNSCHAFT DRAUSSEN
FEIERN, DIESEN MOMENT
KÖNNEN SIE HABEN. WIR
HABEN NOCH GRÖSSERES
VOR, AUF DAS WIR UNS
KONZENTRIEREN.«

Oladapo Afolayan

Tabelle

PL.	TEAM	SP.	DIFF.	PKT.
1	Holstein Kiel	32	25	64
2	**FC St. Pauli**	**32**	**23**	**63**
3	Fortuna Düsseldorf	32	31	59
4	Hamburger SV	32	18	55
5	Karlsruher SC	32	18	52
6	Hannover 96	32	15	49
7	SpVgg Greuther Fürth	32	-1	46
8	SC Paderborn 07	32	-2	46
9	Hertha BSC	32	9	45
10	SV Elversberg	32	-8	43
11	FC Schalke 04	32	-6	40
12	1. FC Magdeburg	32	-7	37
13	1. FC Nürnberg	32	-21	37
14	1. FC Kaiserslautern	32	-8	36
15	Eintracht Braunschweig	32	-12	35
16	SV Wehen Wiesbaden	32	-12	32
17	Hansa Rostock	32	-25	31
18	VfL Osnabrück	32	-37	25

Auch unter blauem Licht: St. Pauli ist die einzige Möglichkeit.

33

Stimmungsvoll schon vorm Anpfiff: Gästeblock und Choreo auf der Nord.

AUFSTIEGSFEIER AM MILLERNTOR

Der zweite Matchball wird verwandelt. Ein perfekter Fußballtag endet mit einem nie gefährdeten Heimsieg und einem Platzsturm. Der FC St. Pauli feiert den Aufstieg.

33. SPIELTAG

12. Mai 2024

FC St. Pauli vs. VfL Osnabrück

3:1 (1:0)

Tore: 1:0 Afolayan (7.), 2:0 Afolayan (58.), 3:0 Hartel (68.), 3:1 Kehl (90.+1, Elfmeter)

Aufstellung:
Vasilj – Wahl, Smith (72. Nemeth), Mets – Metcalfe, Irvine, Hartel (85. Kemlein), La. Ritzka (57. Dzwigala) – Afolayan (85. Boukhalfa), J. Eggestein (84. Albers), Saad

➡ Schon in der 7. Minute erzielt Oladapo Afolayan das 1:0, später schnürt er einen Doppelpack und legt auch noch für Marcel Hartel auf. Als sich viele Fans bereits direkt am Spielfeldrand befinden, gibt es noch einen VAR-Elfmeter für Osnabrück. Doch dieser ändert an der folgenden Feier nichts mehr: Der FC St. Pauli ist nach 13 Jahren zurück in Liga 1!

Auch im Sitzplatzbereich der Süd ist man siegesgewiss.

Die Ruhe vor dem Platzsturm.

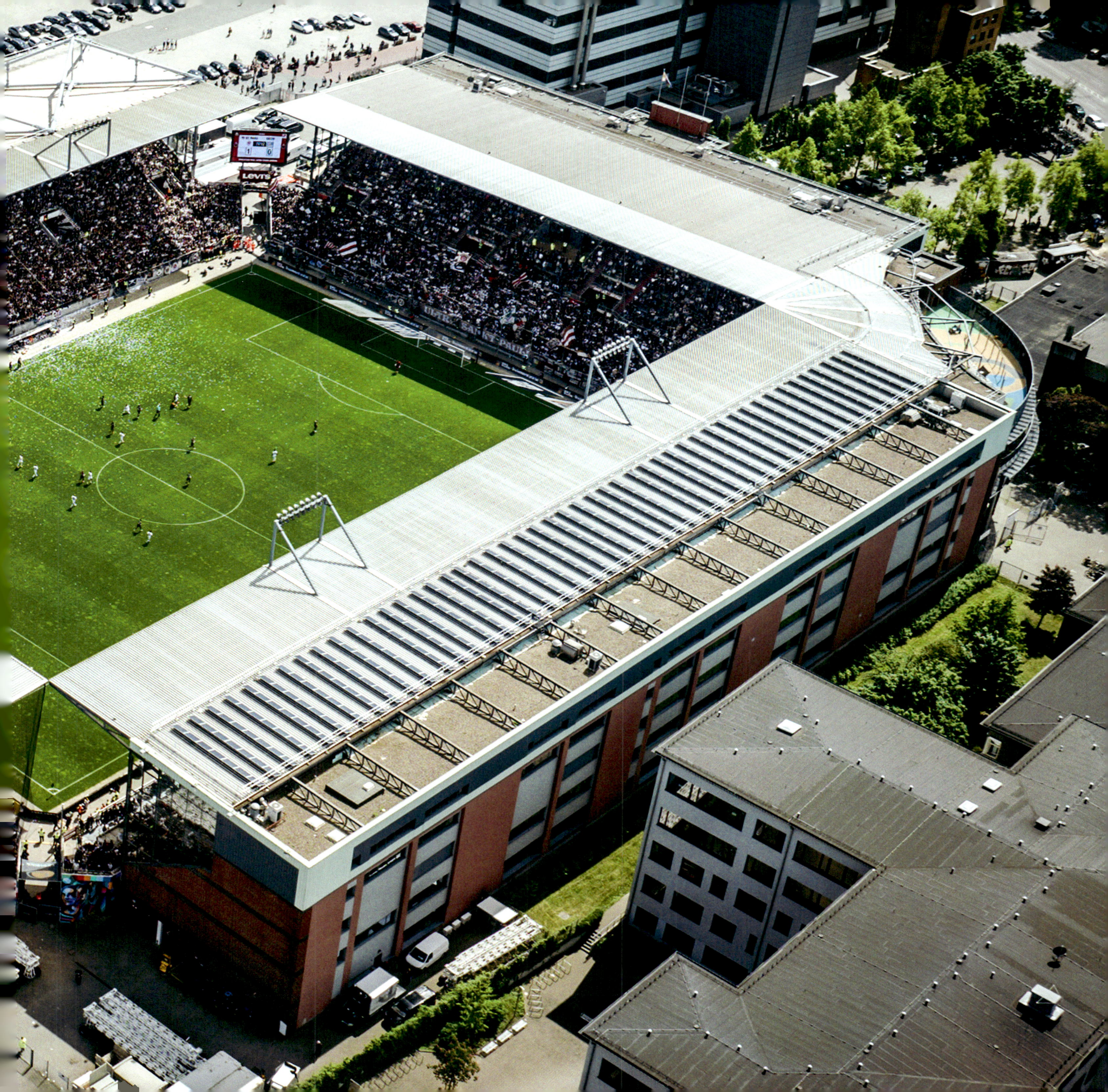

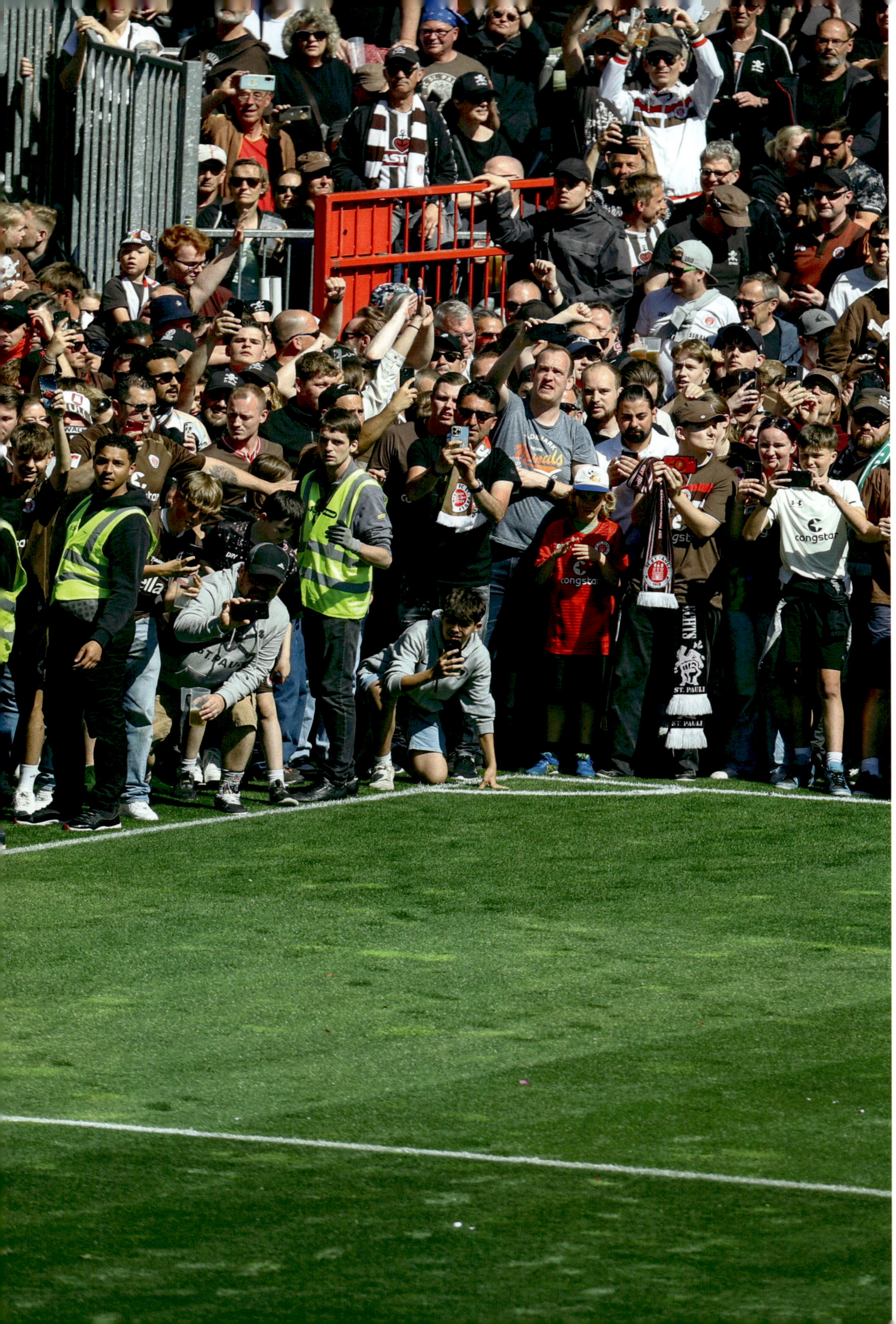

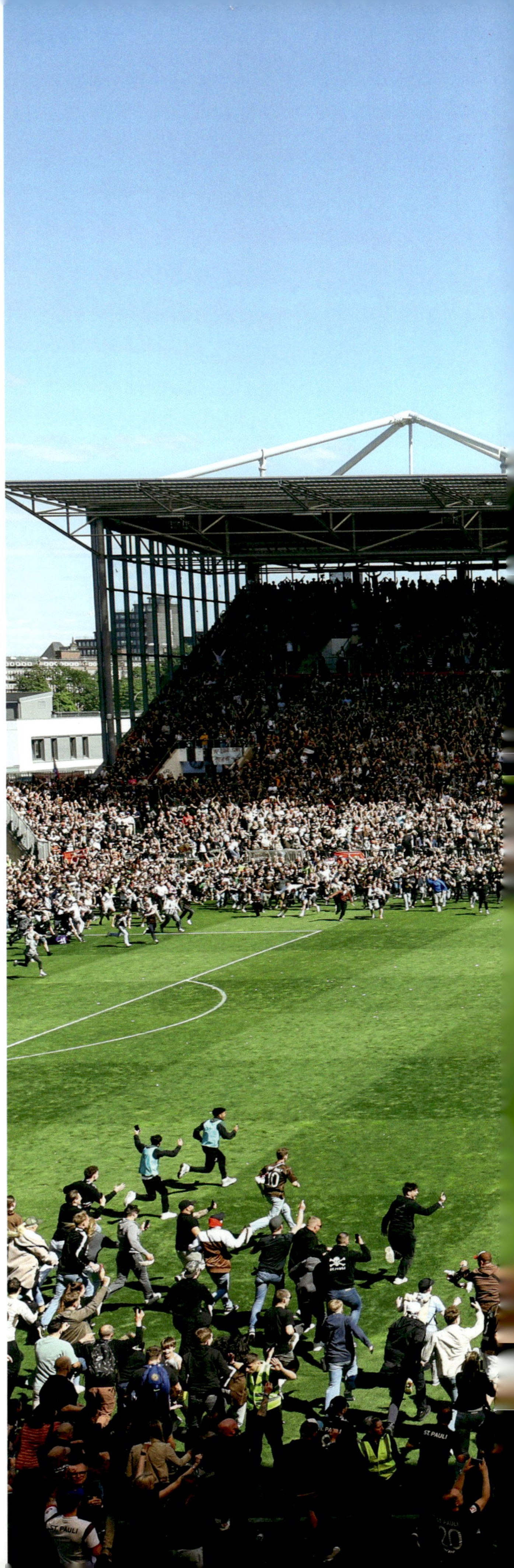

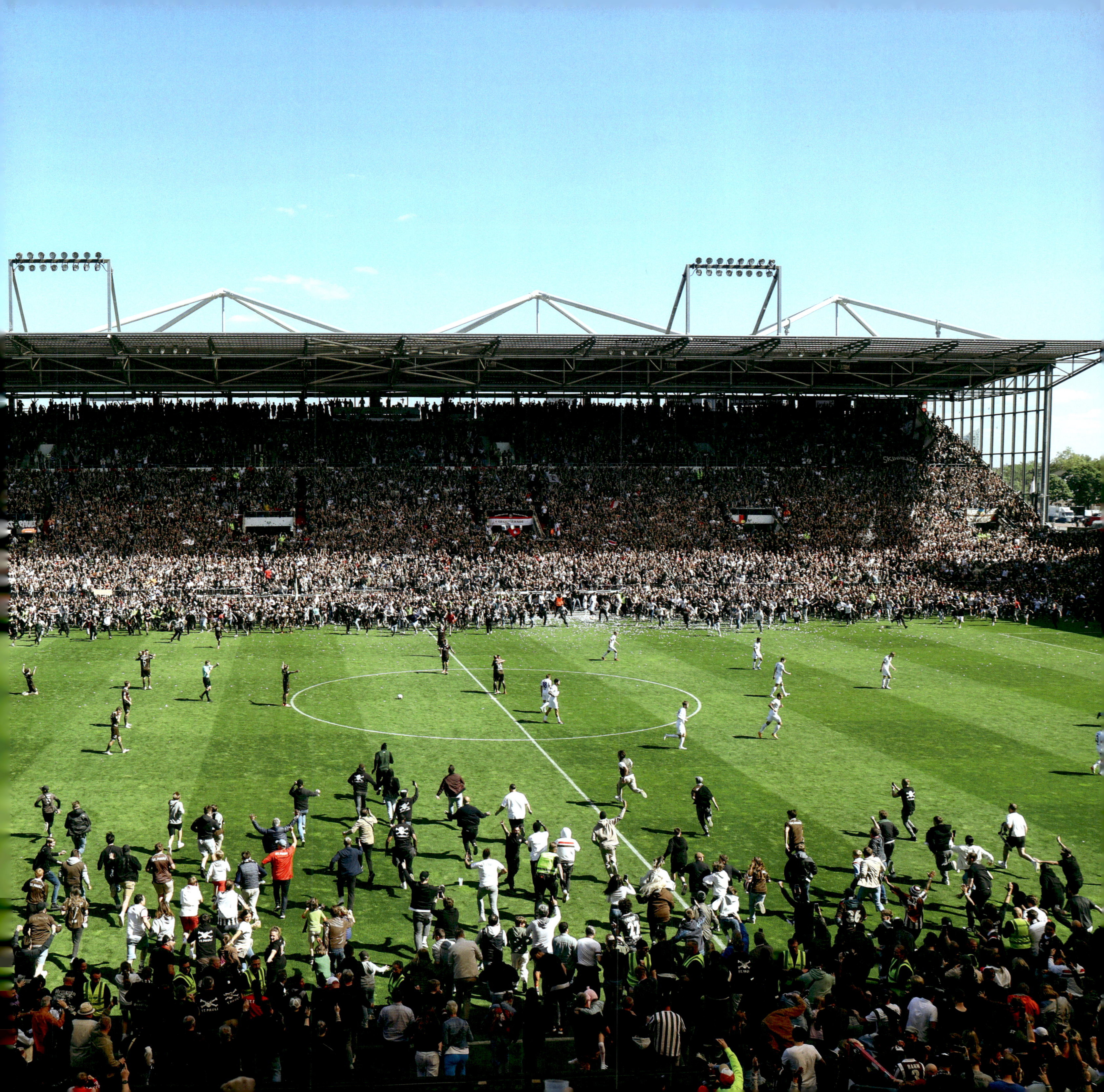

Auf Schultern getragen: Trainer Fabian Hürzeler

Unter den feiernden Fans befindet sich auch ein Prophet mit Fahne.

Viele Fotos für das Familienalbum, auch für Oladapo Afolayan.

»FÜR MICH WAREN DAS EINFACHE TORE. AN DIESEM TAG WAR ICH EINFACH ZUR RICHTIGEN ZEIT AM RICHTIGEN ORT.«

Oladapo Afolayan

Jackson Irvine wird geherzt, Marcel Hartel feiert feuchtfröhlich.

»HIER SIND SO VIELE MENSCHEN, DIE GANZ VIELE ENTBEHRUNGEN HABEN, DENEN ES NICHT SO GUT GEHT WIE MIR. DASS SIE ERSTLIGA-FUSSBALL HIER SEHEN DÜRFEN, DAS BEDEUTET MIR GANZ VIEL.«

Oke Göttlich

Der Kapitän und der Präsident im Spielertunnel.

Peter Nemeth, Feierbiest. Einige andere konnten es kaum glauben.

»Ein Traum« ist wahr geworden, das Team feiert vor den Fans im Rabauken-Block.

»SO VIELE EMOTIONEN. ICH ERINNERE MICH NUR, WIE IN WENIGEN SEKUNDEN ALLE FANS UM MICH HERUM WAREN.«

Nikola Vasilj

Auch das Tornetz erfreut sich großer Beliebtheit.

Ein emotionaler Tag, nicht nur für Jackson Irvine.

Pressekonferenz gestürmt: Bierdusche für Fabian Hürzeler.

200

> »ICH DENKE, WIR WUSSTEN, DASS UNS NIEMAND DIESES SPIEL NEHMEN WÜRDE. ES WAR UNSER TAG. ES WAR UNSER MOMENT.«
>
> Jackson Irvine

»Nur kurz die Krücken wegstellen!« – Jubelfoto in der Kabine mit Philipp Treu.

Tabelle

PL.	TEAM	SP.	DIFF.	PKT.
1	**FC St. Pauli**	33	25	66
2	Holstein Kiel	33	25	65
3	Fortuna Düsseldorf	33	31	60
4	Hamburger SV	33	17	55
5	Karlsruher SC	33	17	52
6	Hannover 96	33	16	52
7	SC Paderborn 07	33	-1	49
8	Hertha BSC	33	11	48
9	SpVgg Greuther Fürth	33	-1	47
10	FC Schalke 04	33	-5	43
11	SV Elversberg	33	-11	43
12	1. FC Nürnberg	33	-18	40
13	1. FC Magdeburg	33	-7	38
14	Eintracht Braunschweig	33	-11	38
15	1. FC Kaiserslautern	33	-10	36
16	SV Wehen Wiesbaden	33	-13	32
17	Hansa Rostock	33	-26	31
18	VfL Osnabrück	33	-39	25

Jackson Irvine genießt den Moment.

Das Tor zum Titel: Danel Sinani läuft nach seinem Treffer vor die Kurve.

34

WIR HOL'N DIE MEISTERSCHAFT ...

Der Aufstieg hat für Befreiung und Jubel gesorgt, jetzt soll aber auch die Meisterschale her. Die Fanszene reist größtenteils in einem Sonderzug an.

34. SPIELTAG

19. Mai 2024

Wehen Wiesbaden vs. FC St. Pauli

1:2 (1:0)

Tore: 1:0 Kovacevic (10.), 1:1 Albers (51.), 1:2 Sinani (82.)

Für den SVWW geht es im Fernduell mit Rostock um den Abstiegs-Relegationsplatz, der FC St. Pauli schaut mit einem Auge auf Holstein Kiel. Mit einem Sieg hätte man alles selbst in der Hand. Trainer Hürzeler muss kurzfristig auf Hartel und Saad verzichten, und so treten andere ins Rampenlicht: Andreas Albers erzielt mit seinem ersten Saisontor den Ausgleich, Scott Banks legt für Danel Sinani den Siegtreffer auf. Erneut wird der Rasen geflutet. Der Rest ist Geschichte.

Aufstellung:
Vasilj – Wahl, Smith, Mets – Saliakas, La. Ritzka (65. Sinani), Irvine, Kemlein (46. Albers), Metcalfe, Afolayan (90. Dzwigala) – J. Eggestein (78. Banks, 90. Boukhalfa)

»Danke, dass ihr immer da seid. Morgen feiern wir mit euch.«

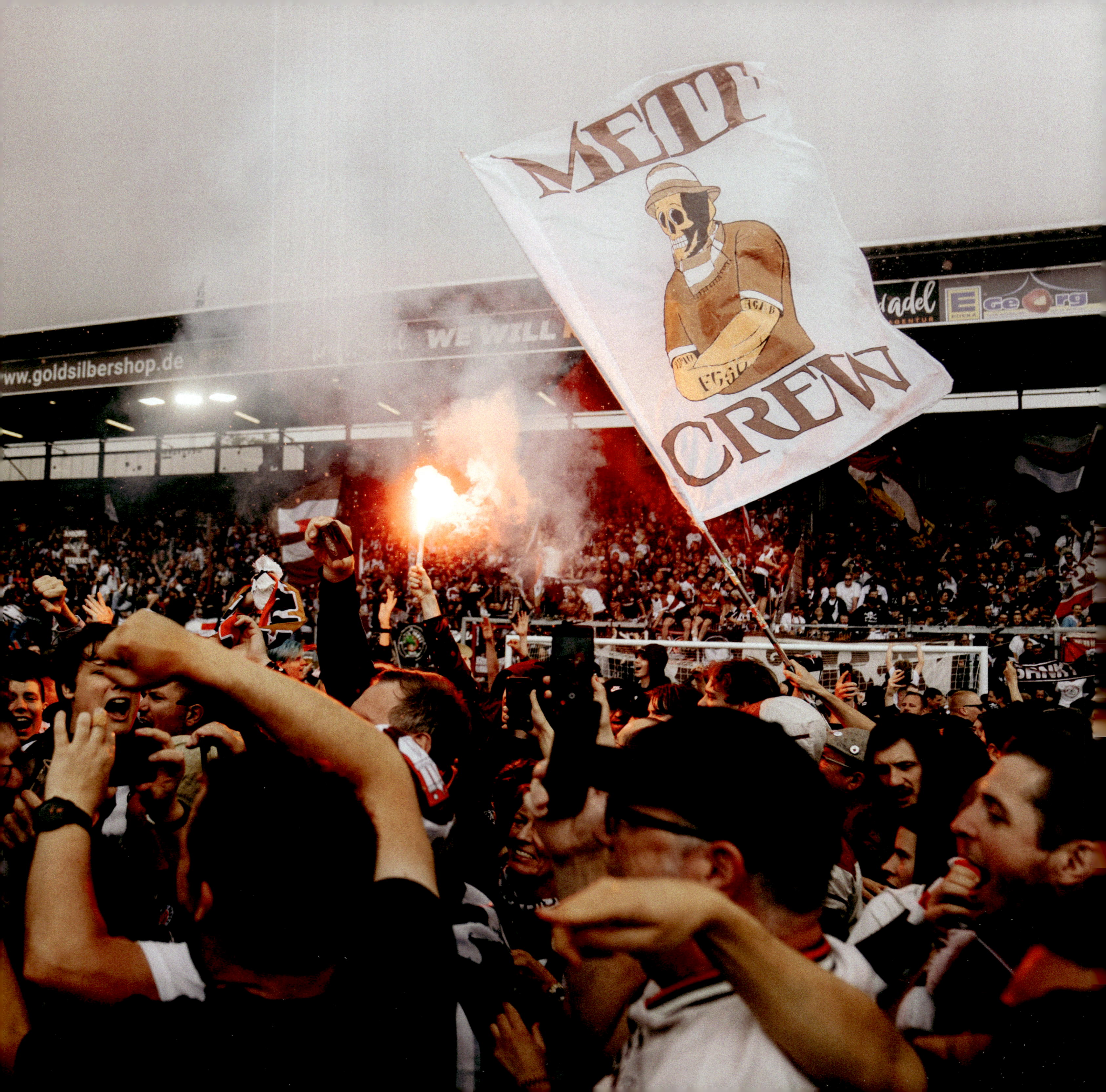
www.goldsilbershop.de
WE WILL
CREW

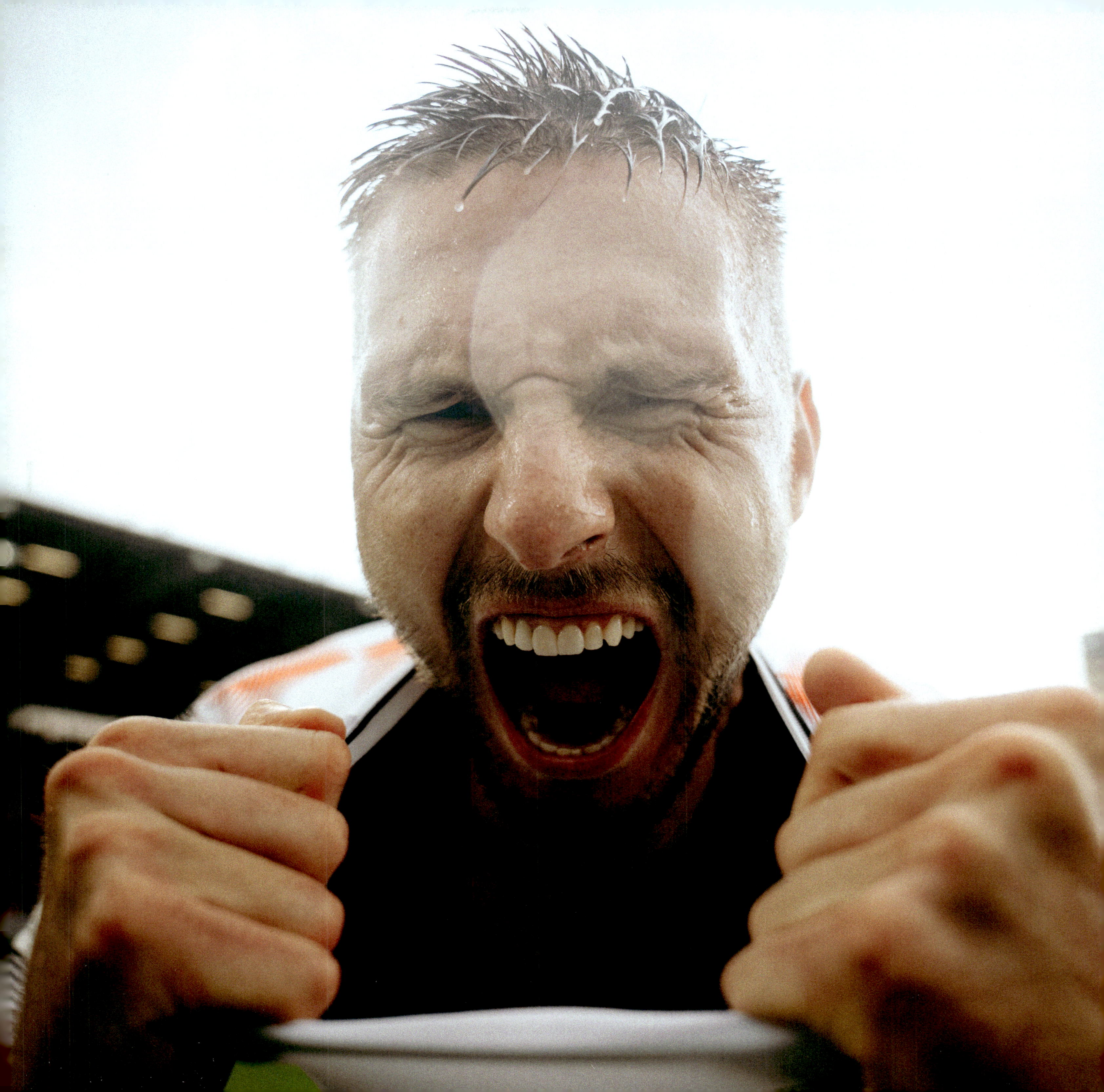

»Ja, hör mal. Du glaubst nicht, was wir gerade geschafft haben!« – Hauke Wahl mit Getränk und Telekommunikationsgerät.

»DAS GESCHAFFT ZU HABEN, MACHT MICH UNFASSBAR GLÜCKLICH.«

Hauke Wahl

Erste Bilder mit Fake-Schale. Die echte wird am nächsten Tag folgen.

Tabelle

PL.	TEAM	SP.	DIFF.	PKT.
1	**FC St. Pauli**	34	26	69
2	Holstein Kiel	34	26	68
3	Fortuna Düsseldorf	34	32	63
4	Hamburger SV	34	20	58
5	Karlsruher SC	34	20	55
6	Hannover 96	34	15	52
7	SC Paderborn 07	34	0	52
8	SpVgg Greuther Fürth	34	1	50
9	Hertha BSC	34	10	48
10	FC Schalke 04	34	-7	43
11	SV Elversberg	34	-14	43
12	1. FC Nürnberg	34	-21	40
13	1. FC Kaiserslautern	34	-5	39
14	1. FC Magdeburg	34	-8	38
15	Eintracht Braunschweig	34	-16	38
16	SV Wehen Wiesbaden	34	-14	32
17	Hansa Rostock	34	-27	31
18	VfL Osnabrück	34	-38	28

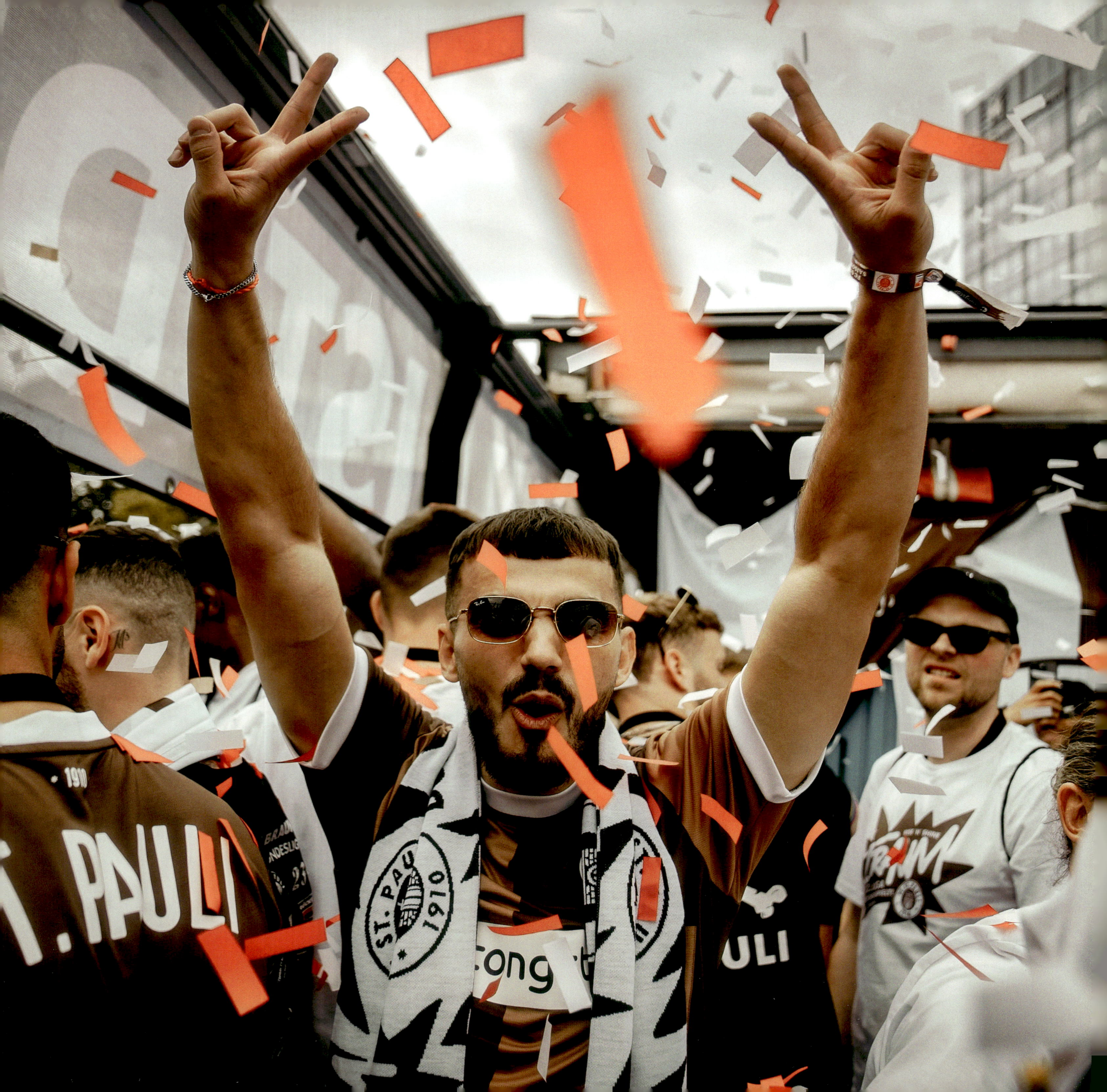
1910
T. PAULI
ULI

MEISTERFEIER

Ein Tag für die Ewigkeit.
Vom Rathaus bis zum Spielbudenplatz, Hamburg
ist Braun-Weiß.

»DER AUFSTIEG IST DIE BELOHNUNG FÜR DEN GANZEN WEG, DEN MAN HINTER SICH GEBRACHT HAT. EINE GANZE SAISON AUF HÖCHSTLEISTUNG ZU PERFORMEN.«

Johannes Eggestein

Hamburg ist braun-weiß! Das Rathaus gehört dem FC St. Pauli.

Teamfoto im Rathaus, unter anderem mit Bürgermeister Peter Tschentscher und vielen Vertreterinnen und Vertretern des Vereins.

MEISTERFEIER

Zugleich auch die »Demonstration für Demokratie und Clubkultur« vom Rathaus zum Spielbudenplatz.

Was bei den Aufstiegsfeierlichkeiten passiert, bleibt bei den Aufstiegsfeierlichkeiten.

MEISTERFEIER

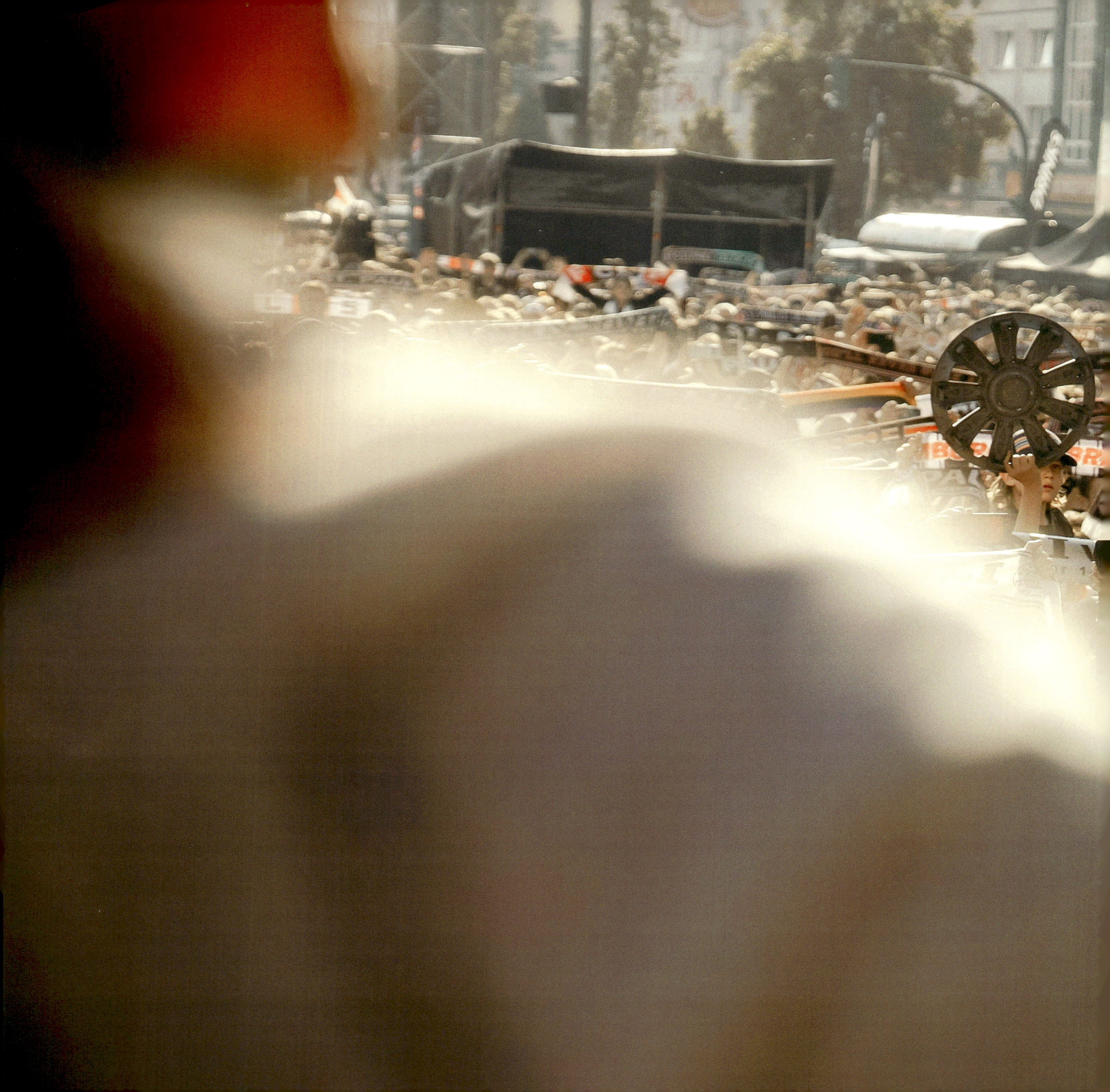

»2. Liga durchgespielt« – die Feier auf dem Spielbudenplatz.

Der Kapitän mit der Schale und der Regenbogenfahne.

Die Schale gibt es auch vor der Bühne in diversen Variationen.

»ES WAR EINFACH NUR DIE WILDESTE ERFAHRUNG ÜBERHAUPT. MANCHMAL VERSUCHE ICH, MICH DARAN ZU ERINNERN UND ICH VERGESSE KLEINE MOMENTE UND DIE REIHENFOLGE, IN DER ALLES PASSIERT IST. ES IST ALLES EIN BISSCHEN VERSCHWOMMEN, ABER AUF DIE BESTMÖGLICHE WEISE.«

Jackson Irvine

MEISTERFEIER

217

Pyrotechnik in der Hand, die Schale um den Hals.

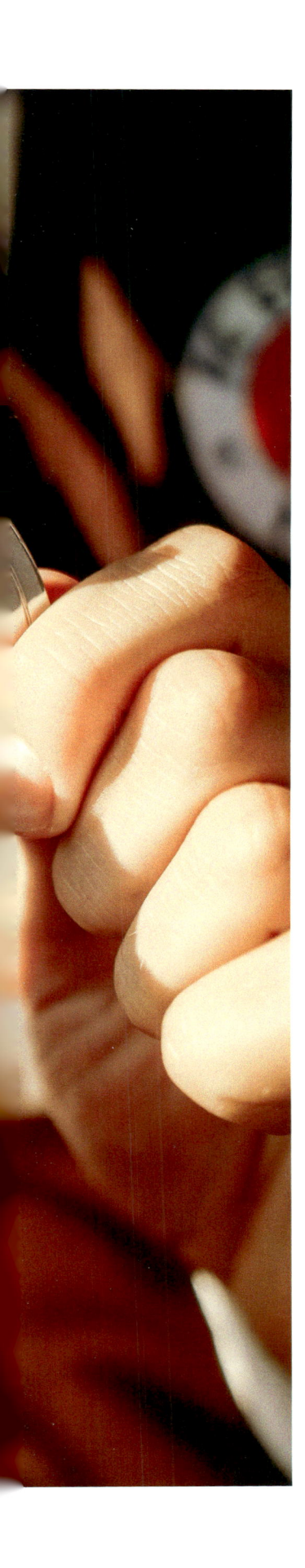

Zwei Australier mit der Schale.

MEISTERFEIER

Mittendrin statt nur dabei:
Vereinspräsident Oke Göttlich.

Die Feier verlagert sich später ins Schmidts Tivoli.

Auch Deichkind begeistert die Fans auf dem Spielbudenplatz.

Redaktion: Katharina Dahme, Maik Krükemeier (MillernTon.de)
Gestaltung und Lithografie: Jörg Weusthoff, Weusthoff & Reiche Design, Hamburg
Lektorat: Katharina Dahme, Erwin Puschkarsky
Projektverantwortlichkeit FC St. Pauli: Patrick Gensing und Alexander Timm

Fotos Cover und Rückseite: Henrick Vahlendieck & Sven Hamburg (FC St. Pauli)
Fotos Innenteil: Alle Fotos von Henrick Vahlendieck & Sven Hamburg (FC St. Pauli)
Außer:
Tim Brüning: 17, 187, 194–195, 197 oben rechts, unten, 213 oben rechts,
216, 220–221, 222–223, Nachsatz Innen
IMAGO Images: 77, 78–79 (Sebastian Bach)
dpa/pa: 6–7 (Christian Charisius), 46, 48, 49 oben (Philipp Szyza), 49 unten (Axel Heimken), 76 (Foto Huebner),
108, 109 (Fabian Kleer), 117 oben links (Selim Sudheimer), 124 (Peter Boehmer), 152 (Daniel Karmann), 153 (Daniel Marr),
154 (Daniel Karmann), 155 unten (Daniel Marr), 155 oben (Daniel Karmann), 160 (Markus Gilliar), 161 (Uli Deck), 162–163
(Silas Schueller), 190, 191 (Hirnschal), 197 oben links (Stephanie Zerbe), 198 (Hirnschal), 199 (Axel Heimken)
Jon Schiereck: 193
Jörg Weusthoff: 188–189

Druck und Bindung: Grafisches Centrum Cuno GmbH & Co. KG, Calbe

Bibliografische Information der Deutschen Nationalbibliothek:
Die Deutsche Nationalbibliothek verzeichnet diese Publikation in der
Deutschen Nationalbibliografie; detaillierte bibliografische Daten sind
im Internet über http://dnb.d-nb.de abrufbar.

1. Auflage

Copyright © 2024 Verlag Die Werkstatt GmbH
Siekerwall 21, D-33602 Bielefeld
www.werkstatt-verlag.de
Alle Rechte vorbehalten.

ISBN 978-3-7307-0723-4